오늘도 우울증을 검색한 나에게

01
손바닥
마음 클리닉

오늘도
우울증을 🔍
검색한 나에게

김한준 | 오진승 | 이재병 지음

카시오페아
Cassiopeia

오늘도 '우울증'을 검색한 당신을 위해
손바닥 마음 클리닉을 엽니다

3명의 정신과 전문의가 전하는 우울증의 모든 것

23세 남성 A씨는 얼마 전부터 아무것도 하기 싫어지고, 평소 즐기던 취미 활동이나 친구들과의 만남도 귀찮아졌다. 주변 사람들로부터 "표정이 안 좋아 보이네. 무슨 일 있어?", "왜 이렇게 처져 있어? 힘내!"라는 위로를 받았지만, 속으로는 '안 괜찮으면 어쩔 건데?'라는 생각에 짜증이 났다. 이와 같은 상황을 반복하면서 A씨는 자신이 왜 예전과 달라졌는지 알고 싶어졌다. 혹시나 하는 마음에 인터넷에 '우울증'을 검색해 관련 검사를 해봤더니 점수가 꽤 높게 나왔다. 놀란 마음에 A씨는 정신과에 가야 할지 고민됐다.

30세 여성 B씨는 2주 전부터 고민이 많아졌다. 자신이 무엇을 위해 살고 있는지, 앞으로 어떻게 해야 잘살 수 있는지와 같은 생각 때문에 잠도 잘 못 잔 채로 회사에 출근했다. 업무 시간에 졸거나 평소 하지 않던 업무 실수도 늘었다. 그때마다 상사에게 혼나기 일쑤였다. B씨는 혼이 나도 화가 난다기보다는 '내가 그렇지, 뭐' 하는 생각만 들었다. '혹시 우울증일까?' 싶어 진료를 받아볼까 생각하다가 효과적인지도 의문이고, 한 번 약을 먹으면 평생 약을 먹어야 하는 것 아닌지 싶은 생각에 두렵기도 했다. 무엇보다 회사에서 우울증 치료를 받은 사실을 알게 되면 인사상 불이익이 생기지 않을까 걱정됐다.

50세 여성 C씨는 최근 몸이 천근만근 무거워져서 누워만 지냈다. 고3 수험생인 막내를 잘 챙겨줘야 하는데도 팔다리가 납처럼 무거워 늘 배달 음식을 시켜줬다. 막상 배달 음식이 도착하면 본인이 더 폭식하는 경우가 많았다. 평소 10시간 넘게 자는데도 아침에 일어나면 피로감을 느꼈다. 내과에 방문해 이런저런 검사를 했지만 별다른 이상 소견은 없었다. 내과 의사는 우울증 가능성을 언급하며 정신과 방문을 권유했지만, C씨는 자신이 우울하다는 기분을 느낀 적이 없는데 왜 우울증

검사를 받아야 하는지 의아했다.

위의 A, B, C씨처럼 많은 분이 자신이 우울한 것인지, 우울증인 건지, 병원에 가야 하는 상황인 건지 등에 대해 잘 알지 못합니다. 설사 우울증이라 하더라도 과연 치료가 가능한지, 섣불리 우울증 약을 먹었다가 평생 끊지 못하는 건 아닐지, 시간이 지나면 알아서 좋아질 텐데 군이 병원에 가서 긁어 부스럼을 만드는 건 아닐지 걱정합니다. 사실 이 모든 고민은 우울증에 대한 정확한 정보가 부족하기 때문에 생기는 것이라 볼 수 있습니다.

인터넷이나 유튜브, 블로그 등을 검색하면 우울증에 대한 수많은 정보를 비교적 손쉽게 접할 수 있습니다. 그러나 우울증 진단 기준만 나열한 피상적 정보, '이런 증상 있으면 우울증이라고 하더라' 식의 떠도는 이야기, 보편적인 경우가 아닌 개인의 경험을 바탕으로 한 비전문가가 전하는 부정확한 내용들을 더 많이 보게 될 것입니다. 우울증에 대해 자세하게 알아보기 위해 검색한 일이 오히려 그릇된 정보의 바다에 빠지게 해 스스로를 우울증 환자로 여기거나, 병원 치료가 필요한 증상을 가볍게 생각해 치료 시기를 놓치게 합니다. 주변의 오해와 선입견으로 인해 두려움을 느끼고 치료를 받지 않거나 정신과 전문의와의 상담을 불신하는 경우도 많습니다.

그래서 김한준, 오진승, 이재병 정신과 전문의 3명이 뭉쳤습니다. 잘못된 정보와 상식으로 질환의 경중을 따지고 정신과 질환을 혐오, 비정상, 교정의 대상으로 오인하는 부분들을 바로잡으며 정확한 정보만을 전하고자 '손바닥 마음 클리닉' 시리즈에 참여하게 됐습니다.

저희는 고려대학교 의과대학을 졸업한 뒤 정신과 전문의로서 대학병원, 정신과 전문병원, 개인 의원 등에서 수천 명의 환자와 만나 그들의 이야기를 듣고 공감하며 치료해왔습니다. 정신분석이나 인지행동치료, 사이코드라마 등 좋은 배움의 장이 있으면 달려갔고, 그곳에서 배운 내용을 환자에게 적용해 더 나은 치료를 위해 힘썼습니다. 병원에서의 진료뿐만 아니라 TV나 유튜브, 라디오, 블로그 등 다양한 매체를 통해 올바른 정보를 전달하기 위해 바쁘게 움직였습니다. 이러한 활동의 연장선상에서 더 많은 분에게 도움이 되고자 '손바닥 마음 클리닉'을 엽니다.

이 책《오늘도 우울증을 검색한 나에게》를 시작으로 공황장애, 수면장애 등 저자 3인의 의학 지식, 상담과 현장 경험을 바탕으로 정신과 질환들에 대한 정확한 정보를 전합니다. 정신과 질환에 대해 올바르게 알고 제대로 대처할 수 있다면 삶의 질이 나아짐은 물론, 소중한 생명을 살릴 수 있지 않을까 하는 기대와 사명감으로 언제 어디서나 쉽게 꺼내 읽을 수 있는 부담 없는 책, 동시에 필요한 내용이 모두 담긴 전문가들만이 전할 수 있는 핵심 정보만을 담은 책을 오래도록 구상했고 드디어 펴냅니다.

정신과에 방문한 것처럼, 한 권으로 하나의 정신과 질환을 콤팩트하게 알아볼 수 있는 이 시리즈가 누구에게도 자신의 내밀한 속마음과 고민을 털어놓지 못하고 혼자서 힘들어하는 사람들에게 큰 힘과 희망이 되길 바랍니다.

증상부터 원인, 해결까지
우울증의 핵심만을 정리한 단 한 권의 책

《오늘도 우울증을 검색한 나에게》는 앞으로 세 저자가 협업해 진행하는 장기 프로젝트 '손바닥 마음 클리닉' 시리즈의 첫 책입니다. 우울증, 공황장애, 수면장애 등 실제 많은 사람들이 겪고 있는 정신과 질환들을 다루는 이 시리즈에서 우울증을 첫 주제로 정한 건 비교적 쉬운 일이었습니다. 우리나라는 2017년을 제외하고 2003년부터 2020년까지 OECD 국가 중 자살률 1위(특히 2020년 자살률은 10만 명당 23.5명이며, OECD 평균은 10.9명입니다)를 차지했습니다. 자살의 가장 큰 원인은 바로 우울증이었습니다. 하지만 우울증 환자들이 정신과를 쉽게 방문하지 못하는 실정입니다.

세계 최고의 자살률을 기록한 나라에서 항우울제의 인구 1,000명당 하루 처방량Daily doses per 1,000 Inhabitant per Day, DID은 고작 21DID입니다. OECD 평균인 64.3DID의 3분의 1 수준이지요. 이는 많은 사람들이 정신과 치료에 대한 오해와 편견으로 그 문턱을 넘어서지 못해 생긴 결과가 아닐까 생각합니다. 그렇다면 정신과 전문의로서 무엇을 할 수 있을까 오랜 고민 끝에 우울증에 관한 정보를 핵심적으로 정리해 펴내는 것이 급선무라고 생각했습니다.

왜 우리는 우울증에 걸릴까요? 어느 수준이어야 우울증이라고 할 수 있을까요? 우울증 치료가 필요한 상태는 어떠하고, 비슷한 증상을 가진 사람은 어떤 일상을 보내고 있는지, 어떤 과정을 통해 우울증 진단을 받고 치료를 받는지, 극복하기 위해서는 스스로 어떤 노력이 필요한지 등 이 책에서 우울증의 모든 걸 가장 쉽고 자세하게 알려주고자 합니다. 교과서와 논문 등 검증된 데이터를 토대로 증상부터 원인, 해결까지 정보와 방법을 균형적으로 담아냈을 뿐 아니라 저자들의 임상 경험을 녹여낸 사례를 곁들어 책의 난도를 한층 낮췄습니다.

지피지기 백전백승知彼知己 百戰百勝이라고 하지요. 우울증도 마찬가지입니다. 우울증을 제대로 알아야 극복할 수 있습니다. 여기저기 파편화된 우울증 정보를 한눈에 보기 쉽도록 정리하고, 실질적으로 일상에 쓸모가 되는 내용만을 담았습니다. 한마디로 우울증에 대한 거의 모든 정보가 담겨 있다고 해도 과언이 아닙니다.

마치 어떤 목적지를 갈 때 GPS를 켜서 내 위치를 찍고 목적지를 설정한 후 어느 길로 얼마나 가야 목적지에 도달할 수 있는지 알아놓으면 가는 길이 두렵거나 지루하지 않은 것처럼, 이 책이 GPS와 같이 우울증으로 고통받는 본인, 주변인, 잠재 우울인 모두에게 현재 상태를 파악하도록 돕고, 우울증이 의심된다면 회복에 이를 때까지 옆에 두고 언제

든지 펼쳐보며 활용할 수 있는 도구가 된다면 더할 나위가
없겠습니다.

내 진짜 마음이 궁금할 때

우울증 정도 확인해보기

☹ 😐 ☺

　　　　최근 이유 없이 기분이 가라앉거나 희망이 없다고 느껴본 적 있나요? 이 세상에 내 편은 아무도 없고 홀로 있는 것 같은 느낌을 받아본 적 있나요? 하염없이 눈물이 흐르고, 아무것도 하기 싫고, 아무것도 먹기 싫고, 혼자만 있고 싶을 때를 경험한 적 있나요?

　일상생활에서 흔하게 경험할 수 있는 이러한 일들이 사실은 우울증 때문일 수도 있습니다. 이와 같은 감정적·신체적 문제를 가볍게 넘기거나 무시한다면 오히려 병을 키울지도 모릅니다.

　14페이지의 표는 우울증 선별 도구Patient Health Questionnaire-9,

PHQ-9로, 일상생활에서 경험할 수 있는 내용들로 비교적 간단하게 구성된 우울증 척도 검사지입니다. 총 9개의 질문지로 단순해 보이지만 우울증을 진단하는 주요한 진단 기준들이 빠짐없이 녹아 있으며, 실제 진료실과 논문 등에서 우울증 환자들의 진단 및 치료 경과를 확인하는 데 두루 쓰이는 대표적인 검사 도구입니다. 다만 이 검사지는 우울한 정도를 보고하는 하나의 검사 도구일 뿐, 단독으로 우울증 진단을 할 수 없음을 유의해주세요.

　최근 2주간 얼마나 자주 다음과 같은 문제들로 곤란을 겪었나요? 차분히 생각해보고 해당하는 숫자에 표시하세요. 내가 우울증을 앓고 있는지, 어느 수준으로 심한지를 가늠해보는 데 도움이 될 것입니다.

우울증 선별 도구

지난 2주 동안에	없음	2~3일 이상	7일 이상	거의 매일
① 기분이 가라앉거나, 우울하거나, 희망이 없다고 느꼈다	0	1	2	3
② 평소 하던 일에 대한 흥미가 없어지거나 즐거움을 느끼지 못했다	0	1	2	3
③ 잠들기가 어렵거나 자주 깼다, 또는 잠을 너무 많이 잤다	0	1	2	3
④ 평소보다 식욕이 줄었다, 또는 평소보다 많이 먹었다	0	1	2	3
⑤ 다른 사람들이 눈치챌 정도로 평소보다 말과 행동이 느려졌다, 또는 너무 안절부절못해서 가만히 앉아 있을 수 없었다	0	1	2	3
⑥ 피곤하고 기운이 없었다	0	1	2	3
⑦ 내가 잘못했거나, 실패했다는 생각이 들었다, 또는 자신과 가족을 실망시켰다고 생각했다	0	1	2	3
⑧ 신문을 읽거나 TV를 보는 것과 같은 일상적인 일에도 집중할 수가 없었다	0	1	2	3
⑨ 차라리 죽는 것이 더 낫겠다고 생각했다, 또는 자해할 생각을 했다	0	1	2	3

총점 = _____

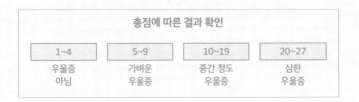

총점에 따른 결과 확인			
1~4	5~9	10~19	20~27
우울증 아님	가벼운 우울증	중간 정도 우울증	심한 우울증

　　우울증은 자가진단이 아닌 병원 검사를 통해 긴밀하게 확인할 필요가 있습니다. 그러니 우울한 정도를 확인해보는 정도로만 봐주고, 만일 심각성을 느꼈다면 반드시 병원 상담을 받아보길 바랍니다. 특히 중간 정도 우울증 이상(10점 이상)으로 결과가 나온 분들은 이 책의 1장과 2장의 내용을 통해 우울증이 맞는지, 어떤 우울증을 겪고 있는지를 확인해보고, 3장에서 스스로 우울증을 관리하는 방법을 참고하거나 진료를 통해 적합한 도움을 받으면 좋겠습니다.

목차

프롤로그 오늘도 '우울증'을 검색한 당신을 위해   004
         손바닥 마음 클리닉을 엽니다
         3명의 정신과 전문의가 전하는 우울증의 모든 것

들어가기 전 CHECK! 내 진짜 마음이 궁금할 때   012
         우울증 정도 확인해보기

1장. 우울증을 고민하는 당신에게

Q **혹시 이게 우울증일까?**   024
    우울증 증상과 특징

Q **우울증도 다 같은 우울증이 아니다**   034
    우울증 종류와 양상

2장. 우울증은 왜 찾아오는 걸까? ▼ Q

Q **우울에는 다양한 이유가 있다** 064
우울증의 원인

Q **우울증이라는 걸 어떻게 알 수 있을까?** 089
우울증 진단법

3장. 우울에 무너지지 않기 위해 ▼ Q

Q **병원에서 어떤 치료를 받아야 할까?** 122
약물치료와 정신치료(상담치료)

Q **증상에 따라 치료도 다양하게** 137
주목해야 하는 치료법

Q **일상에서의 소소한 노력들이 모인다면** 148
스스로 우울증 극복하는 법

Q **사랑하는 사람이 우울증으로 힘들다면** 157
함께 나아가는 법

참고 문헌 162

1장

우울증을 고민하는 당신에게

30세 여성 A씨는 1주일 전 반려견이 암으로 세상을 떠난 뒤 슬픔과 공허함을 느끼기 시작했다. 그동안 반려견에게 더 잘 대해주지 못한 자신을 탓하고 죄책감을 느꼈다. 자기 전 반려견에 대한 생각에 잠도 자기 어렵고 입맛도 없어져 끼니를 거를 때가 많아졌다. 평소 좋아하던 드라마를 봐도 재미없고, 어울리던 친구들 모임에도 핑계를 대고 나가지 않으려고 했다. 1주일 내내 외출도 하지 않고 지낸 탓에 이를 지켜보던 가족들은 걱정이 많아졌다.

20세 남성 B씨는 2개월 전 군대에 입대하고 삶이 무의미해졌다. 자신보다 어린 선임이 반말을 하는 것에 화가 나고 분한 마음에 잠이 오지 않았다. 군가나 주특기 임무 등 암기해야 하는 것들을 자주 까먹었고, 안 하던 실수도 늘었다. 이 일로 혼도 나게 되자 다음 날 눈을 뜨지 않고 이대로 죽었으면 좋겠다고 생각했다. B씨는 마음을 터놓고 얘기할 상대가 주변에 한 명도 없다는 기분이 들었다.

40세 여성 C씨는 몇 개월 전 새로 이사 온 아랫집에서 매일같이 들려오는 피아노 소리 때문에 스트레스를 받고 있던 중이었다. 평소에는 특별히 기분 나쁜 적이 없었는데, 피아노 소리를 반복적으로 듣다 보니 점차 신경이 쓰이고 짜증스러워졌다. 아랫집에 직접 얘기하면 안 된다고 해서 관리사무소를 통해 중재를 해보려고 했지만, 특별한 변화도 없고 뚜렷한 해결책이 보이지 않아 화가 나고 가슴이 답답했다. 1개월이 지났음에도 증상이 나아지지 않고 계속되자 C씨는 자신이 우울증인지 걱정돼 가까운 정신과에 내원해보기로 마음먹었다.

슬프다는 감정은 누구나 느끼지만 아무도 반기지 않는 불청객인 듯합니다. 희로애락의 감정 중 하나인 '슬픔'을 느끼지 않고 살아갈 수는 없지만, 가능하면 최대한 슬픔을 느끼

지 않고 피하려 하며 때때로 드는 슬픔조차 경계하고 그 상
태를 견디지 못하는 분들이 많습니다. 그리고 더러는 내가
우울증에 걸린 건 아닌지 걱정하는 분들도 많겠지요.

　픽사의 애니메이션 〈인사이드 아웃〉에서는 인간의 핵심
감정인 기쁨, 슬픔, 소심, 버럭, 까칠이가 캐릭터로 등장하고
이들 중 '슬픔이'가 자신의 잃어버린 지위를 회복하는 과정
을 그립니다. 항상 '기쁨이'에게 밀려 감정 컨트롤 본부에서
조작을 맡지 못했던 '슬픔이'가 위로나 공감 등 다채로운 감
정을 느낄 수 있게 도와주는 모습을 통해 슬픔이라는 감정
도 누구나 자연스럽게 느낄 수 있고 때로는 필요하다는 메
시지를 전달합니다. 하지만 슬픔이라는 스쳐 지나가는 감정
Emotion이 일정 기간 지속되고 전반적인 상태가 되면 우울하
다는 기분Mood에 이르게 됩니다. 그리고 우울감이 회복되지
않고 지나치게 길어지거나 그 정도가 심해지면 '우울증'이
라는 병적 상태에 이르게 됩니다.

혹시 이게 우울증일까?

우울증 증상과 특징

"저는 기분이 우울한 건 아니니까 우울증은 아닌 줄 알았어요."

진료실에서 자주 듣는 말입니다. 우울 삽화의 진단 기준에 따르면 우울증을 진단하는 데 반드시 '우울감'이 있어야 하는 건 아닙니다. 면담 초반에는 부인하던 우울감을 면담 과정에서 표정이나 행동을 통해서 드러내는 경우도 많고, 소아·청소년 환자들은 우울감보다 분노 조절의 어려움이나 지속적인 과민함이 우울증의 주요 증상이 되기도 합니다. 한편 '화병'이라는 말도 있다시피 우리나라 우울증 환자들은 신체 증상을 주로 호소하기도 합니다.

우울증은 우울한 기분이나 흥미의 저하로 인해 일상이나 사회생활, 직업적 기능의 저하가 생기는 질환들을 통칭합니다. 그중에서도 '주요 우울장애'라는 질환이 대표적인데, 이를 진단하기 위해서는 먼저 우울 삽화라는 개념을 이해해야 합니다. 우울 삽화란 기분이 우울해지는 동시에 정신과 행동에 문제가 생기는 시기를 뜻합니다. 아래 그림과 같이 우울 삽화에 속하는 증상은 총 9가지 입니다. 그에 대해서 하나하나 살펴보겠습니다.

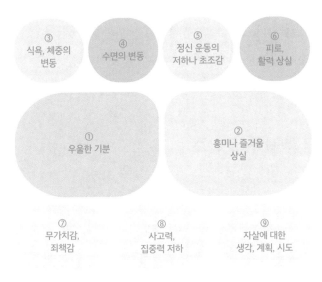

우울 삽화

1. 우울한 기분

20세 여성 A씨는 한 달간 대부분의 시간 동안 슬프고 자신에게는 아무런 희망이나 미래가 없다고 느꼈다. 가슴이 텅 비어 있는 것 같고 자주 눈물을 흘렸다.

보통 하루 중 대부분, 그리고 매일 지속되는 우울한 기분을 말합니다. 스스로 주관적으로 느끼는 기분인 경우가 대부분이며 눈물을 흘리는 등의 모습을 보입니다.

2. 흥미나 즐거움의 상실

23세 남성 B씨는 평소 좋아하던 컴퓨터 게임과 농구에 재미를 느끼지 못하고 친구들이 불러내도 나가지 않을 변명거리를 찾는다. 주변 사람들이 B씨가 취미 활동에 무관심해졌다는 걸 알게 됐다.

거의 또는 모든 일상 활동에 흥미나 즐거움을 느끼지 못합니다. 이전에 즐기던 취미나 관심사에 대해서도 흥미가 떨어지고, 성적 관심이나 욕구가 떨어지기도 합니다.

3. 식욕이나 체중의 변화

25세 남성 C씨는 최근 입맛이 없어졌다. 배가 고파도 음식 냄새만 맡으면 속이 안 좋고, 먹는다 하더라도 억지로 먹는 기분이었다. 체중이 1개월 사이 5킬로그램 넘게 줄어들었다.

32세 여성 C씨는 배가 고프지 않은데도 달콤하거나 탄수화물류의 과자를 부쩍 자주 찾게 됐다. 체중이 1개월 사이 3킬로그램 이상 늘어났다.

다이어트 등 체중 조절을 하지 않는 상태에서 식욕 저하로 인해 체중이 감소하거나 반대로 식욕이 증가해 체중이 증가하기도 합니다.

4. 불면이나 과다수면

35세 남성 D씨는 잠드는 데 평소보다 2시간 이상 늦어지는 경우가 많았다. 잠에 겨우 들더라도 꿈을 자주 꿨고, 자다가 깨면 다시 잠들지 못해 밤을 새기 일쑤였다.

24세 여성 D씨는 잠이 늘어 평소 하루에 7시간 자던 수면 시간이 12시간 이상으로 늘어났다. 일어나서도 전에 자던 만큼의 개운함을 느낄 수 없었고 졸릴 때가 많아 낮잠을 자는 일이 많아졌다.

거의 매일 불면이나 과다수면이 발생합니다. 불면에는 처음부터 잠에 들지 못하거나, 잠에서 깨고 다시 잠들지 못하는 경우를 모두 포함합니다. 다만 식욕과 수면의 변동은 같은 주요 우울장애로 진단되더라도 그 변화에 따라 세부 유형과 쓰이는 약이 다르기에 세심하게 체크해야 합니다.

5. 정신 운동의 저하나 초조감

18세 E군은 1주일 전부터 확연히 말과 행동이 느려졌다. 친구들이 걱정이 되어 왜 그러는지 물어봤지만 침묵하거나 겨우 대답하더라도 낮은 목소리로 짧게 답했다.

19세 E양은 이틀 전부터 가만히 앉아 있지 못할 정도로 안절부절못했다. 주변을 서성이고 손을 쥐락펴락하거나 자신의 손톱이나 옷, 물건을 만지작거리거나 잡아당겼다.

이 기준은 주관적으로 처지거나 불안한 수준을 넘어 객관적인 관찰이 필요하므로 전문가를 통한 확인이 특히 중요합니다.

6. 피로나 활력의 상실

40세 여성 F씨는 특별히 운동을 하지 않았는데도 몸이 피곤해진다. 설거지나 빨래 등 평소 하던 집안일을 할 때도 시간이 2배가 걸리고 힘없이 나른하다.

거의 매일 피로하고 지친 날들을 보냅니다. 평소 하던 일도 이전보다 시간이 더 지연되고 일의 능률도 떨어지게 됩니다.

7. 무가치감 또는 죄책감

50세 남성 G씨는 최근 고등학생 시절 공부를 열심히 하지 않아 자신이 별 볼 일 없는 사람이 된 것 같다며 자책했다. TV에서 아프리카 구호 단체에 대한 광고를 보며 세계의 빈곤층에 자신이 도움되지 못했다며 심한 죄책감을 느꼈다.

단순한 자책이나 죄책감을 넘어 비현실적일 정도로 과도하고 부적절한 죄책감이 동반돼 있는지 확인해야 합니다.

8. 사고력, 집중력의 저하

35세 여성 H씨는 최근 회사 생활 중 쉽게 정신이 산만해지거나 깜빡깜빡하는 일이 잦아져 업무에 지장을 생겼다. 이 때문에 회사 상사로부터 이전에 받아본 적 없는 업무 성과에 대한 지적을 받기 시작했다.

생각하고 집중하는 데 어려움이 있고 무언가를 결정하는데에도 오랜 시간이 걸립니다. 이로 인해 갑작스럽게 학교 성적이나 업무 성과가 떨어지기도 하며, 노인의 경우 기억력의 문제로 치매를 의심하기도 합니다.

9. 자살 생각이나 계획과 시도

19세 I군은 세상에서 사라지는 게 낫겠다고 생각하던 중 점점 자살에 대한 구체적인 계획을 세우기 시작했다. 주변 친구들에게 아끼던 물건들을 나눠 주고 가족들에 대한 미안함을 담은 유언을 썼다.

매일 나타나지는 않아도 반복적으로 죽음이나 자살에 대해 생각하고 실제로 자살할 계획을 세우거나 실행으로 옮기기도 합니다. 자살 생각에는 '다음 날 아침에 일어나고 싶지 않다'라는 소극적인 소망도 포함됩니다.

· · 🧩 · ·

미국정신의학회American Psychiatric Association, APA에서는 정신장애 진단 및 통계 편람Diagnostic and Statistical Manual of Mental Disorders 5th edition, DSM-5을 발간해 위와 같은 진단 기준들을 제시하고 있습니다. 그중 우울 삽화는 1, 2번 중 하나를 포함해 9가지의 증상 중 총 5가지 이상의 증상이 2주 이상 지속이 되고, 그 것이 사회적·직업적 기능 저하를 수반하며, 다른 의학적인 상태로 인한 것이 아닐 때를 말합니다. 우울증 환자들의 치료 경과와 예후를 수십 년간 연구한 끝에 질환으로 구분할 수 있는 우울감의 정도와 기간을 정한 것이라 볼 수 있습니다. 따라서 우울 삽화를 만족하느냐에 따라서 정상적인 우울감과 병적인 우울감을 구분할 수 있고, 이러한 우울 삽화를 한 번이라도 경험하면 주요 우울장애를 진단할 수 있습니다. 하지만 대부분의 우울증 환자들은 우울 삽화의 재발을 경험한 뒤 진료실을 찾습니다.

때로는 우울 삽화의 기준을 모두 만족하지 않더라도 사회적·직업적·가정적·직업적 또는 다른 중요한 기능 영역에서 고통이 심하고 손상이 확인되는 경우에도 우울증을 진단할 수 있습니다. 따라서 본인 또는 주변의 사람들이 우울증으로 의심된다면 우울 삽화에 해당하는 증상들을 두루 확인함과 동시에 그것이 이전과 비교해 기능상의 저하가 뚜렷한가를 살펴보길 바랍니다.

우울증도 다 같은 우울증이 아니다

우울증 종류와 양상

▼ Q

우울증 종류를 세부적으로 나누면 다음과 같습니다.

1. 파괴적 기분조절부전장애

2. 주요 우울장애

3. 지속성 우울장애 또는 기분 저하증

4. 월경 전 불쾌장애

5. 물질/약물치료로 유발된 우울장애

6. 다른 의학적 상태로 인한 우울장애

7. 달리 명시된 우울장애

8. 명시되지 않은 우울장애

내외과적으로 모든 질환은 저마다의 진단 기준을 가지고 있습니다. 정신과에서도 앞서 소개해드린 DSM-5나 질병 및 관련 건강 문제의 국제 통계 분류International Statistical Classification 10th revision, ICD-10이라는 진단 기준을 주로 활용하고, 이러한 진단 기준들이 만들어진 60여 년의 세월 동안 각 질환은 진단 기준이 조금씩 바뀌거나, 진단 기준이 삭제 또는 추가되고 있습니다. 각 질환별로 동일한 치료 방법을 적용했을 때 치료 경과나 예후가 어떤지에 따라 어떻게 진단 기준을 수정해 환자군들을 구분해야 하는지 지속적으로 연구하고 있기 때문입니다.

이 중 5~8번에 해당하는 진단들은 약물이나 뇌졸중 등의 의학적 상태와 같이 우울증을 유발한 원인이 따로 있을 때나, 우울로 인한 기능 저하는 크지만 1~4번의 진단 기준을 모두 만족하지는 못할 때 내리게 되는 부수적인 진단입니다. 그래서 이 책에서는 임상적으로 많이 쓰이고 주요한 질환으로 구분할 수 있는 1~4번의 질환들만 다루도록 하겠습니다.

1. 파괴적 기분조절부전장애

9세 A군은 1년 전부터 하루 중 대부분 화를 내거나 짜증을 부리며 지낸다. 이틀에 한 번 정도는 화를 조절하지 못해 욕을 하거나 소리를 지르고 물건을 집어던지는 등 과격한 모습을 보인다. 부모가 달래면 오히려 더 화를 낸다. 학교에서는 집에서만큼 심하지는 않지만, 여전히 화를 조절하지 못해 친한 친구가 없고, 선생님들로부터도 자주 지적을 받는다.

파괴적 기분조절부전장애Disruptive Mood Dysregulation Disorder, DMDD는 DSM-5의 우울증 파트에 새로 추가됐는데, 이런 증상을 보이는 아동은 사춘기를 지나 성인으로 자라면서 조울증보다는 우울증 환자들과 비슷한 경과를 보였기 때문입니다. 위와 같이 빈번한 분노 발작과 그 사이의 만성적인 과민함, 또는 화가 난 기분이 특징적인데, 분노 발작의 빈도가 주 3회 이상, 10세 이전부터 증상이 발현돼야 합니다. 그러나 6세 미만의 아이에게는 진단하지 않습니다.

2. 주요 우울장애

21세 여성 B씨는 중학교 3학년 시절 학교에서 친했던 친구들과 멀어지면서 새로운 친구들과 어울리지 못하고 혼자서 우울한 상태로 지냈다. 이후 대학에 입학할 때까지는 학교생활에 큰 문제는 없었으나 2개월 전부터 특별한 이유 없이 기분이 가라앉고 매사에 의욕이 떨어져 평소 좋아하던 쇼핑에도 관심이 줄어들었다. 밤에 잠이 오지 않아 새벽 늦게까지 핸드폰을 사용하고, 식욕이 떨어져 하루에 한 끼만 겨우 먹었다. 2주 전부터는 학교 과제를 해야 하는데 집중이 되지 않아 계속 미뤘고, 결국 과제를 다 끝내지 못했다.

주요 우울장애Major Depressive Disorder, MDD는 우리가 일반적으로 우울증이라 부르는 질병입니다. 기본적으로 우울 삽화를 만족했는지를 우선 판단해야 하며, 우울 삽화의 반복 여부에 따라 단일 또는 재발성 삽화로 구분합니다. 심각도나 정신병적 양상을 동반했는지, 관해(2개월 이상 증상이 없는 상태)가 어느 정도 됐는지, 동반된 세부 유형은 어떤지를 확인합니다.

보통 우울 삽화가 발생한 경우 40퍼센트는 발병 후 3개월 이내, 80퍼센트는 1년 이내에 증상이 회복되지만, 비교적 어린 나이에 처음 우울 삽화가 발생하고 그 정도가 심하거나 관해가 제대로 이뤄진 적이 없는 데다 다수의 삽화를 경험했다면 재발의 위험성은 높아집니다. 특히 중증의 우울증일 경우에는 현실 감각이 떨어지는 환각이나 망상을 동반할 수도 있어 주의를 요합니다.

주요 우울장애에서 나타나는 몇 가지 증상들이 있는데, 우울증을 의심하는 데 중요한 단서가 될 수 있기에 함께 소개합니다.

‖ 주요 우울장애에서 동반되는 증상 8가지 ‖

1) 불안증 동반

신경이 날카롭거나 안절부절못하고 염려나 두려움으로 집중이 떨어지거나 자신에 대한 통제력을 잃을 것 같다는 느낌을 동반하게 됩니다. 높은 수준의 불안감은 자살 위험도를 상승시킬 수 있는 위험한 증상이어서 불안증이 동반될 경우 그렇지 않을 때보다 더욱 주의를 요합니다.

2) 혼재성 양상 동반

혼재성 양상은 조증과 우울증이 나타나면서 극도로 불안정하고 변동이 심한 임상적 상태입니다. 우울증이면 보통 기분이 가라앉는다고 생각하지만, 경우에 따라 기분이 가라앉아 있는 기간 동안 동시에 기분이 들뜨기도 합니다. 자신감이 많아지고 말수가 늘어나거나 생각이 꼬리에 꼬리를 무는 사고의 비약을 경험합니다. 무분별한 소비나 사업 투자, 성행위 등에 몰두해 후회를 하거나, 적은 수면으로도 피로를 회복했다고 느낄 만큼 수면에 대한 욕구가 감소되기도 합니다. 이러한 혼재성 양상을 동반하게 되면 현재 조울증은 아닌지, 치료 과정에서도 조울증으로 진행되지는 않는지를 면밀히 관찰하고 복용하던 약을 변경하기도 합니다.

3) 멜랑콜리아 양상 동반

멜랑콜리아는 우울증의 가장 심한 상태입니다. 거의 모든 활동에서 즐거움을 상실하고 좋은 일을 경험할 때 잠깐이라도 기분이 좋다고 느끼지 못해 타인이 봤을 때에도 정신 운동의 변화가 관찰됩니다. 보통 고도의 우울 삽화에서 더 많이 발생해 외래 환자들보다 입원 환자들에게서 더 많이 관찰할 수 있습니다.

4) 비전형적 양상 동반

비전형적 우울증 환자는 늘 슬프고 의욕이 없는 멜랑콜리아 우울증 환자와는 달리 감정적 반응을 보이고 때로는 즐거워하기도 합니다. 예를 들어 우울증을 앓고 있지만, 본인이 응원하는 야구팀이 가을 야구를 한다면 즐거워하는 것이지요. 특히 식욕 저하와 수면 부족을 호소하는 전형적인 우울증과는 달리 과도한 식욕으로 체중이 늘기도 하며, 수면 시간이 평소보다 많아지거나 몸이 납덩이처럼 무겁게 느껴지기도 합니다. 거절에 대한 민감성이 높아져 사회생활에서 곤란함을 겪거나 스스로를 고립시키는 경우도 많습니다. 이렇듯 잘 먹고 잘 자는 비전형적 우울증의 경우에는 조울증 등의 질환을 감별해야 하고 전형적인 우울증과 치료법이 달라질 수 있습니다.

5) 정신병적 양상 동반

우울증에 망상이나 환각이 동반되는 경우입니다. 망상이란 명백한 증거를 대더라도 쉽게 바뀌지 않는 고정된 믿음입니다. 우울증에서는 논리적으로 맞지 않음에도 자신이 죄를 지어 벌을 받고 있다는 죄책망상이나 대참사가 일어날 것이라는 허무 망상 등 우울감과 일맥상통하는 주제의 망상이 발생할 수 있습니다. 주로 중증 우울증에서 이러한 망상이나 환청, 환시 등이 동반될 수 있어 집중적인 치료를 요합니다.

6) 긴장증 동반

긴장형 우울증은 말이 없거나 마치 통나무처럼 자극에도 반응하지 않고 가만히 있거나 특정 자세를 유지하는 유형입니다. 매우 드문 질환으로 혹시 조현병은 아닌지 면밀한 평가가 필요합니다.

7) 주산기 발병 동반

과거 산후 우울증으로 불렸던 우울증이 주산기 우울증으로 확장됐습니다. 기존에는 출산 직후 4주 이내에 발생하는 우울증을 산후 우울증이라 정의했지만, 현재는 임신의 모든 기간부터 출산 후 4주 이내에 발생한 우울증을 주산기 우울증이라 정의합니다.

주산기 우울증의 원인은 임신과 출산 과정에서의 급격한 호르몬 변화, 엄마가 된다는 것에 대한 중압감과 경력 단절에 대한 걱정, 남편 또는 다른 가족 구성원과의 긴장이나 갈등 등 다양합니다. 하지만 새로운 생명을 맞이하면서 느끼는 불안감과 부담감, 우울감은 자연스러운 것입니다.

향후 육아 과정에서의 걱정, 자신이 엄마로서 아이를 잘 돌볼 수 있을까 하는 불안감이 존재합니다. 특히 드라마에서처럼 아이를 보면 눈물이 펑펑 쏟아져야 할 정도로 모성을 느끼지 못하는 자신에 대해, 엄마가 됐다는 실감이 나지 않는 자신에 대해 실망하거나 잘못하고 있다는 죄책감을 느끼기도 합니다. 이와 같은 감정들은 약 70퍼센트의 산모들이 느끼기도 하여 'Baby blues'라고 칭하기도 하지만, 보통은 그 정도가 심하지 않거나 오래 지속되지 않고 사라지는 경우가 대부분입니다.

다만 불안, 부담, 죄책감 등의 강도가 크고 지속되며, 이로 인한 우울감, 과민함, 불면 등 우울 삽화에 해당하는 증상들이 관찰될 때에는 적극적인 치료를 받아야 합니다. 주산기 우울증의 유병률은 3~6퍼센트 정도지만, 아이를 살해하라고 명령하는 환청, 영아가 악마에 씌었다는 망상 등 정신병적 양상이 동반될 수 있어 이 경우에는 입원치료 등 반드시 적극적인 치료를 받아야 합니다.

8) 계절성 동반

흔히 '봄을 탄다', '가을을 탄다'는 말처럼 계절에 따라 발생하는 기분의 정도가 우울증에 해당될 때 계절성 우울증을 진단할 수 있습니다. 보통 겨울에 우울감이 심해지는 경우가 많지만, 사람에 따라 봄, 가을 할 것 없이 모든 계절에도 증상이 나타날 수 있습니다. 겨울형 계절성 우울증의 경우에는 비전형적 우울증과 비슷하게 잠을 많이 자거나, 하루 종일 무기력하고 탄수화물을 자주 먹거나, 과식을 동반하는 경우가 많습니다.

3. 지속성 우울장애 또는 기분 저하증

23세 남성 C씨는 고등학생 시절부터 슬프다고 느끼지 않은 날이 거의 없다. 간혹 며칠이나 몇 주간은 덜 울적하다고 느껴지더라도 대부분의 기간은 기분이 가라앉아 있는 상태로 지냈다. 수면 중에도 자주 깨고 다시 잠드는 데 어려워 잘 잤다고 느껴지는 날이 거의 없고 늘 피로했다. 그로 인해 아르바이트에도 실수가 잦아져 일하는 데 문제가 많아졌다.

지속성 우울장애 또는 기분 저하증^{Persistent Depressive Disorder or Dysthymia, PDD}은 과거 기분 부전 장애와 만성 우울증이 합쳐진 질환입니다. 주요 우울장애와 비교되는 가장 큰 특징은 우울 삽화의 기준을 만족하지 않는 가벼운 증상일지라도 증상이 2년 이상 지속되고 기능상의 저하를 유발한다면 진단할 수 있다는 점입니다. 하지만 지속성 우울장애의 예후는 주요 우울장애보다 나쁠 수 있으며, 그 사이에 우울 삽화가 동반된다면 장기적인 약물치료과 상담치료가 필요할 수도 있습니다.

4. 월경 전 불쾌장애

28세 여성 D씨는 월경을 하기 1주일 전부터 신경이 곤두서는 듯한 예민함을 느꼈다. 다른 사람들과 마찰이 생겼고, 몸이 무겁고 피곤해 무언가에 집중하기도 힘들고 잠을 많이 자게 됐다. 심지어 직장에서도 일의 효율이 매우 떨어졌다. 월경이 시작되면 며칠 안으로 컨디션이 회복됐다. 간혹 가볍게 지나가는 주기도 있지만 대개 불편감이 심해 월경 전 기간에는 친구들과 연락을 하거나 모임을 가지지 않았다.

월경 전 불쾌장애Pre Menstrual Dysphoric Disorder, PMDD는 DMS-5에서 새로이 정식 진단명으로 등장했습니다. 이전에는 월경 전 증후군Pre Menstrual Syndrome, PMS의 조금 심한 형태로 여겼다면, 현재는 월경 주기에 따라 발생하는 주요 우울장애 수준의 질환으로 바라보게 된 셈입니다. PMS에 기분 증상이 필수적으로 동반되고 그것이 심한 수준으로 반복돼 직업이나 사회생활에 악영향을 미칠 때 진단할 수 있습니다.

이상 미국정신의학회에서 발간한 DSM-5를 기준으로 우울증에 대해 자세히 살펴봤습니다. 앞서 우울증의 세부 질환들을 보다시피 우울증을 확인하는 데에는 현재 어떤 상태인지를 아는 건 물론, 그 이전에는 어떤 상태였는지, 또 우울함이 어떻게 진행되고 있는지를 전체적으로 파악하는 게 중요합니다.

또한 우울증은 전형적인 하나의 유형만 있기보다는 발병한 나이나 시기, 환경, 지속양상에 따라 여러 가지 모습을 띄고 있습니다. 그런 의미에서 아래에 정식 진단명은 아니지만 두루 통용되고 있는 우울증 종류들을 소개하니 참고하면 좋겠습니다.

1. 소아·청소년 우울증(학업 스트레스)

평소 예의 바르다고 들어왔던 10세 A군은 한 달 전부터 복통을 호소했다. 병원에서 필요한 검사를 받아봐도 특별한 이상은 없었지만, A군은 배가 아프다며 학교에서 조퇴를 자주 하기 시작하고 점차 학교에 가는 걸 거부하기 시작했다. A군은 등교를 권유하는 가족들에게 불안해하며 점차 짜증스러운 모습을 보이기 시작하고 두통, 어지러움 등 잘 설명되지 않는 신체 증상들이 늘어났다.

소아·청소년 우울증은 성인 우울증에 비해 우울감이라는 기분 자체의 변화보다는 쉽게 화를 내거나 모호한 신체 증상을 보이는 경우가 많습니다. 특히 등교 거부School Refusal는 정신과에서 다루는 몇 안 되는 응급 증상 중 하나인 만큼 아이가 증상이 있을 경우에는 반드시 진료가 필요하며, 아이의 학교 적응 수준이나 집단 따돌림과 같은 제반 환경들을 잘 평가해야 합니다.

2. 직장인 우울증(직장 스트레스)

35세 남성 B씨는 영업직으로 1년여간 일하면서 팀장으로부터 인정을 받아왔다. 이후 B씨는 업무 담당 지역이 비교적 까다롭다고 알려진 상권으로 옮겨지면서 실적이 이전보다 상대적으로 떨어지게 됐고, 상사는 이에 대한 이해보다는 지적만 하기 바빴다. 근무에 매진해도 상황은 나아지지 않고 직장 동료들로부터도 소외되는 느낌이 들며 점차 가슴이 답답해지거나 자해를 하고 싶은 충동이 들기도 했다.

우리나라는 다른 나라들보다 직장 내 조직문화가 획일적이고 수직적인 편입니다. 거기에 실적에 대한 압박, 과도한 경쟁으로 빚어지는 만성 스트레스로 인해 점차 심리적으로 소진되고 번아웃돼 진료실을 찾아오는 환자들이 많습니다. 일과 삶이 조화롭게 균형을 이룰 수 있도록 노력도 해야겠지만, 자율신경계검사 등 스트레스 지수를 엿볼 수 있는 검사를 통해 스트레스가 만성화되지 않도록 정기적으로 점검해보는 것이 좋습니다.

3. 갱년기 우울증

50세 여성 C씨는 슬하에 자녀 둘이 독립하고 남편과 둘이 생활한 지 1년이 됐다. 폐경에 접어들며 얼굴이 자주 화끈거리거나 전에 비해 예민해진다는 느낌은 들었지만, 이 무렵부터는 점차 기분이 가라앉을 때마다 회복이 더디고 선잠이 늘었다. 피로감이 지속돼 영양제를 챙겨 먹었지만 좀처럼 나아지지 않아 자신이 다른 큰 병이 있는지 걱정이 되어 병원에서 여러 검사를 받아보기도 했다.

갱년기 우울증은 호르몬의 변화가 심해지고 생식 능력의 감퇴가 오는 시기에 발생하는 우울증으로 주로 여성에서는 40~55세, 남성에서는 50~65세에 발생하는 경우가 많습니다. 사회적으로는 배우자와의 사별, 실직, 자녀들의 독립 등의 요소로 인한 외로움, 공허감이 영향을 주면서 우울증으로 이어질 수 있는데, 대중 매체를 통해 한 번쯤은 들어본 빈 둥지 증후군Empty Nest Syndrome 역시 갱년기 우울증의 현상으로 볼 수 있겠습니다. 주요 우울장애에 해당하는 증상이 주증상이지만, 폐경기 무렵에 자주 발생하는 열감, 밤에

땀을 자주 흘리며 이유 없이 울게 되거나 심한 기분의 변동, 잘하던 일을 하지 못하고 건망증이 심해지는 등의 인지 증상이 동반되는 경우가 많습니다. 다른 우울증 치료와 유사하지만, 때로는 호르몬 치료 등이 도움이 될 수도 있습니다.

추가로 노인성 우울증도 있는데, 이는 치매와의 감별이 필요합니다. 자세한 내용은 이어지는 2장에서 따로 설명하겠습니다.

4. 치료 저항성 우울증

32세 여성 D씨는 20대 초반부터 시작됐던 우울감으로 고통받던 중 1년 전부터 정신과 진료를 받기 시작했다. 처방받은 약물을 복용하고 상담도 받았지만, 약물에 부작용을 느껴 복용하지 못하기도 하고 증상도 특별히 나아지진 않았다. 몇 군데 병원을 옮겨 받아봤지만 차도는 없었고, 계속 진료를 이어서 받아야 하는지 고민이 됐다.

최소 2개의 항우울제를 충분한 기간, 충분한 용량을 사용했음에도 불구하고 치료 반응이 충분치 않은 경우 치료 저항성 우울증Treatment Resistant Depression이라고 합니다. 몇몇 연구에서는 치료받는 환자 중 30퍼센트가 이에 해당된다고 하는 만큼 진료실에서도 흔히 접하지만, 막상 환자들이 자신이 치료 저항성 우울증에 해당된다고 알게 되면 매우 큰 상실감을 경험하게 됩니다. 항우울제의 종류는 수십 가지가 있는 만큼 자신에게 맞는 약제를 잘 찾아가는 과정이 필요하고, 정말 충분한 약물치료를 거쳤다고 판단되면 3장에서 소개하는 치료 방법들에 대해서도 논의할 필요가 있습니다.

5. 코로나 블루

대기업에 다니는 33세 남성 E씨는 코로나19로 재택근무를 하게 되자 환호성을 질렀다. 출퇴근 시간을 아낄 수 있고, 일부 불편한 직장 동료와 상사를 마주치지 않아도 되어 행복했다. 휴일에 사적 모임을 삼가라는 회사의 지침이 있었지만, 어차피 배달 음식을 시켜 먹으면 되고 친구가 많지도 않아 혼자 게임을 하거나 유튜브를 보며 하루하루를 보냈다. 처음에는 이런 생활이 너무 만족스러웠다. 그러나 코로나19가 장기화되면서 E씨는 언제까지 이렇게 지내야 할지 걱정이 되고 답답함을 느끼기 시작했다. 외출을 하거나 친구들을 만날까 생각하다가도 혹여나 코로나에 걸릴까 섣불리 나서지 못했다. 게다가 방송이나 인터넷에서는 확진자 증가, 자영업자와 기업들의 경제적 어려움 등 부정적인 뉴스만 반복돼 두려움이 더 커졌다. 백신 부작용에 대한 뉴스를 보면서 백신 접종에 대한 두려움 역시 심해졌다.

E씨는 숨이 막히고 점점 불안감을 느꼈다. 가끔 기침이 나고 열감이 있으면 '나도 모르게 코로나에 감염된 것이 아닐까?'라고 생각했다. 잠도 이루지 못하고 식욕도 떨어졌다.

코로나 블루Corona Blue는 코로나19와 우울감을 뜻하는 영어 단어 Blue가 합쳐서 생긴 신조어입니다. 2020년 3월 11일 세계보건기구World Health Organization, WHO의 팬데믹 선언 전후, 코로나 감염에 대한 공포와 세계 각국의 락다운Lockdown과 사회적 거리 두기로 인한 우울감, 불안감을 지칭합니다. 그 외에도 불면, 의욕·집중력·기억력의 저하, 예민한 반응, 두통·어지럼증·가슴 두근거림 등의 신체 증상을 포함합니다. 다만 코로나'블루'인 만큼 주요 우울장애에 해당하는 정도로 증상의 강도가 강하거나 지속적이지 않습니다.

코로나 블루의 경우 규칙적인 수면, 식사, 운동 시간 준수를 통한 생체 리듬의 유지, 온라인 만남을 통한 사회적 관계 유지 노력, 코로나에 대한 정확한 정보를 파악하기, 방역수칙을 준수하며 운동 등 활동하기 등을 통해 좋아질 수 있습니다. 그러나 위와 같은 증상이 거의 매일, 2주 이상 지속되고, 스스로 많이 힘들다고 느끼면 정신과에 내원해야 합니다. 외적 스트레스가 없어지거나 이러한 스트레스를 본인이 감당하고 수용할 수 있을 때까지 의학적 도움을 받는 것이 좋습니다.

코로나19와 같이 갑작스럽게 발생하거나, 지속적이며 압도적인 외적 스트레스는 사람들에게 우울증을 유발할 수 있습니다. 2017~2018년 미국 국립보건영양조사National Health and Nutrition Examination Survey, NHANES에 따르면 미국 성인의 우울증 유병률이 8.5퍼센트였지만, WHO의 코로나 팬데믹 선언 직후인 2020년 3월 31일~4월 13일 사이 조사한 자료에서는 27.8퍼센트로 무려 3배 이상 증가했습니다.[1]

우리나라는 OECD 자살률 1위라는 오명에 비해 정신건강에 대해 상담을 받는 비율이나 평생 유병률이 매우 낮은 편인데, 우울증에 대해 알고 주의 깊게 살펴 진료가 필요한지를 결정하는 데 도움이 됐으면 좋겠습니다.

2장

우울증은 왜 찾아오는 걸까?

23세 여성 A씨는 최근 우울감이 심해져서 정신과에 내원했다. 5개월 전 입사한 그녀는 어렵게 들어간 회사에서 좋은 모습을 보여주기 위해 열심히 일했다. 그러나 1개월 전부터 그녀는 회사에 출근하는 것이 두렵고, 회사에 있는 동안 늘 불안했다. 퇴근 후에도 회사 생각만 하면 가슴이 두근거리고 답답했다. 자기 전에는 다음 날 출근이 걱정돼 잠이 오지 않았고, 힘들게 잠들어도 중간에 깨어 뒤척이는 경우가 많았다. A씨를 면담한 정신과 의사는 우울증으로 의심된다는 이야기를 했다. A씨는 자신이 왜 우울증인지 도통 이해할 수 없었다. 담당 의사는 A씨가 왜 이렇게까지 힘든지 같이 고민해보자며 우울증 원인을 찬찬히 살펴봤다.

‖ A씨의 우울증 원인 4가지 분석 ‖

1) 유전적 원인

A씨의 아버지와 할머니 역시 우울증 치료를 받은 바 있다. 우울증에 취약한 특정 유전자가 A씨에게 전달됐을 가능성이 있다.

2) 환경적 원인

여러 가지 요인이 있지만, 현시점에서는 회사생활에 대한 적응 문제가 우울증의 가장 큰 원인이었다. 처음 하는 일이다 보니 실수가 잦았다. 동기들도 비슷한 문제에 부딪혔지만, 상사에게 물어보거나 자신들끼리 상의하면서 빠르게 적응해나갔다. 그러나 A씨는 혼자 해결하려 했고, 그로 인해 다른 동기들보다 자연스레 뒤처지며 상사에게 지적을 당하는 일이 많아졌다.

3) 심리학적 원인

A씨는 부모님의 맞벌이로 할머니 슬하에서 자랐다. 부모는 일을 하느라 A씨에게 신경을 잘 쓰지 못했고, 주 양육자인 할머니는 늘 남동생을 우선시했다. A씨는 그런 할머니와 부모님에게 인정

받기 위해 치열하게 노력했다. 무엇을 해도 사랑받는 남동생과는 달리 자신은 인정받지 못하면 버림받을 수도 있다는 불안감이 존재하고 있었다.

4) 성격적 원인

A씨는 집에서도 인정받지 못하는 자신을 과연 다른 친구들이 받아줄지 걱정됐고, 관계에 있어서 늘 소극적인 모습을 보였다. 친구들은 A씨를 '만만한 애'로 여겼고 따돌림시켰다. 그 경험으로 인해 A씨는 사람들과 어울리는 것에 스트레스를 받으니 차라리 혼자 지내는 편이 낫겠다고 생각했다. 성격 역시 점차 내향적으로 변해갔다.

A씨는 담당 의사와 함께 자신의 우울증의 원인에 대해 정리해보면서 우울증의 원인이 이토록 많고 구체적이라는 사실에 매우 놀랐다.

A씨는 담당 의사에게 가족, 친구 등 과거 관계와 경험으로부터 벗어나 긍정적인 삶의 태도가 필요하다는 이야기를 듣고, 자신도 나름대로 열심히 노력해왔음을 이야기했다.

일부러 더 밝게 행동하고, 새로 사귄 대학 친구들과 어울릴 때면 대화를 주도했다. 동아리나 종교 모임, 친구들끼리의 소규모 모임에도 적극적으로 참여했고, 긍정적인 마인드를 갖기 위해 매일 긍정 글귀를 읽거나 유튜브를 찾아봤다. A씨는 이러한 노력에도 불구하고 결국 우울증 진단을 받았다는 것이 너무 허무했다. 자신의 노력이 부정당한 느낌이었다.

A씨의 이야기를 들은 담당 의사는 이때까지 A씨의 노력은 큰 의미가 있었지만, 우울증은 스스로의 노력과는 별개로 발생할 수 있음을 설명했다. 중요한 건 A씨가 자신의 문제를 인식하고 더 나아지기 위해 노력했다는 점이며, 우울증은 약물치료와 상담을 통해 치료할 수 있음을 설명했다. 아울러 계속해서 우울증 극복을 위한 노력을 이어간다면 우울증의 완치는 물론, 재발 가능성을 현저히 줄일 수 있다고 덧붙여 말했다.

A씨는 이후로 약물치료와 상담을 거듭하며 우울, 무기력, 무의욕 등의 증상이 점차 호전됐고, 수면과 식사도 규칙적으로 바뀌게 됐다. 회사에 가는 건 여전히 긴장되고 두려웠지만, 이전처럼 신체적인 반응으로 이어지지는 않았다. 출근해서도 다른 사람들의 지적을 이전처럼 크게 생각하지 않으려고 노력했다. 막상 그렇게 직장생활을 해보니 A씨가 다른 사람들보다

크게 뒤떨어지지 않았다. A씨는 점차 약물의 용량을 줄이고, 이전처럼 취미 활동에 매진하거나 친구들과 만나 스트레스를 풀고 일상의 리듬을 유지하기 위해 노력했다. 6개월 후, 담당 의사는 A씨의 우울증 치료가 더 이상 필요없다는 진단을 내렸고, 그녀는 가벼운 마음으로 병원을 나섰다.

외래 진료를 하다 보면 많은 우울증 환자들은 자신들이 왜 우울한지 궁금해합니다. 그러나 이에 대해 시원하게 대답해주는 건 정신과 전문의에게도 쉽지 않은 일입니다. 과거에는 1~2가지 요소가 원인이 되어 우울증이 발생한다고 여겨졌지만, 현대 정신의학에서는 유전적·환경적·심리적 등 여러 원인이 복합적인 기전을 통해 우울증이 발생한다고 보기 때문입니다. A씨도 마찬가지입니다. 표면적으로는 회사 적응 문제가 우울증의 가장 큰 원인이었지만, 그 기저에는 애착 문제와 내향적인 성격이라는 다른 원인들도 존재했습니다.

하나의 요인을 우울증의 유일한 원인으로 단정 짓고 오직 그 원인만 해결하기 위해 노력한다면, 해당 원인은 해결하더라도 다른 원인으로 인해 우울증이 지속되거나 재발할 수도 있습니다. 따라서 스스로의 깊은 고민과 전문가와의 상담, 주변의 가족과 친구들의 조언을 바탕으로 우울증의 여러 원인에 대해 정확하게 분석하고 각각의 원인을 해결할 수 있는 방안을 모색하는 것이 더욱 효과적입니다.

예를 들어, 선천적으로 뇌의 신경 전달 물질, 즉 노르에피네프린Norepinephrine, 세로토닌Serotonin, 도파민Dopamine 등의 분비가 원활하지 않은 분들이 있습니다. 우울증에 연관된 특정 뇌 영역의 기능이 유전적으로 저하된 분들도 있습니다. 만약 이러한 유전적 취약성을 가진 분들이 '실수는 곧 실패'라는 가치관을 지닌 엄격한 부모 밑에서 성장했다면 자신도 모르게 부모의 완벽주의적인 성격을 닮았을 가능성이 큽니다. 이를 심리학 용어로 내재화라고 합니다.

이런 분들은 자신의 목표에 도달하지 못했을 때, 또는 다른 사람에게 인정받지 못했을 때 느끼는 심적 스트레스가 다른 사람들보다 심합니다. 남들보다 큰 스트레스를 느낀다면, 당연히 우울증이 발생할 가능성도 높아집니다. 만약 이런 사람들이 과중한 업무와 자신과 맞지 않은 상사와 동료가 많은 직장을 다니게 된다면, 직장 스트레스로 인해 우울증이 발생될 확률이 타인보다 매우 높을 것입니다.

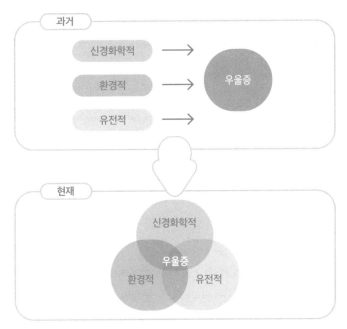

과거에는 위와 같이 1~2개의 원인이 각자 별개로 우울증의 원인으로 여겨져 발생한다고 판단했다. 하지만 현재는 모든 요소의 복합적인 작용으로 우울증이 발생하는 것으로 보고 있다.

우울에는
다양한 이유가 있다
우울증의 원인

▼ 🔍

앞선 A씨의 사례처럼 우울증의 원인에 대해 정확히 알기 위해서는 환자의 유전적·환경적·심리적 등 다양한 관점에서 원인을 깊이 있게 살피고 이들을 종합해 판단해야 합니다. 각각의 원인을 좀 더 자세히 살펴보겠습니다.

· · ✳ · ·

1. 유전적 원인

61세 여성 B씨는 10여 년간 우울증으로 정신과 치료를 받았다. 그런 그녀가 최근 큰 고민에 빠졌다. 자신의 딸도 과거 우울증 초기의 B씨와 비슷한 증상을 보였기 때문이었다. B씨는 설마 하는 마음에 딸을 데리고 자신이 다니는 정신과에 내원했다. 아니나 다를까, B씨의 딸은 우울증 진단을 받았다. B씨는 자신에 이어 딸까지 우울증 진단을 받은 것도 슬펐지만, 이 몹쓸 병이 앞으로 태어날 손자 손녀들에게도 전해지지 않을까 하는 생각에 이르자 절망감을 느꼈다.

만약 그렇다면 딸의 출산이 축복이 아니라 태어날 아이에게 죄를 짓는 것 아닌가 하는 생각도 들었다. B씨는 자신이 나약해 딸에게 우울증을 물려줬기 때문에 이런 일이 발생했다는 생각이 들어 죄책감이 들고 눈물이 멈추지 않았다.

우울증은 유전성이 높은 질환입니다. 스탠포드 의대 정신과 교수 더글러스 레빈슨Douglas Levinson은 "우울증의 유전성은 40~50퍼센트에 이른다"고 말합니다. 암 중에서도 유전성이 높다고 알려진 유방암의 유전성이 5~10퍼센트, 대장암이 5~15퍼센트로 추정되는데, 그에 비해서도 상당히 높은 수준의 유전성을 보입니다.

유전성이 아닌 가족성 암으로 확장하면(암을 유발하는 특정 유전자를 지닌 암을 유전성 암이라고 하고, 가족성 암은 특정 유전자는 알려지지 않았으나, 동일 생활 양식을 공유하는 가족에서 발생했을 때를 말합니다. 즉, 유전적 요인과 동일 생활 양식이 원인입니다.) 전립선암은 20.15퍼센트, 유방암은 13.6퍼센트, 대장암은 12.8퍼센트, 폐암은 8.7퍼센트, 위암은 5.45퍼센트의 발병률을 보입니다.[2] '유전성+동일 생활 양식=가족성'임을 감안하면, 우울증의 유전성은 암보다 높다고 해석할 수 있습니다.

유전성을 알아보기 위한 대표적인 연구 방법은 본인을 중심으로 3세대 이상의 질병력을 알아보는 가계도 연구, 유전자가 100퍼센트 일치하는 일란성 쌍둥이와 일반 형제처럼 50퍼센트의 유전자를 공유하는 이란성 쌍둥이를 비교·분석하는 쌍둥이 연구, 다양한 이유로 서로 다른 환경에서 자라게 된 쌍둥이의 특성, 쌍둥이와 부모의 특성을 비교해 유전과 환경의 영향을 밝히는 입양 연구 등이 있습니다. 이들 연구를 통해 알아본 우울증의 유전적 영향Heritability은 약 37퍼센트에 이릅니다.[3] 이 연구를 뒷받침하는 1만 5,493쌍의 스웨덴 출신 쌍생아를 조사한 대규모 연구에서도 우울증 유전성을 38퍼센트로 보고했습니다.[4]

이와 같은 연구로부터 유전적 요인이 우울증의 중요한 원인임을 알 수 있습니다. 외래에서도 우울증 환자들의 병력 청취를 하면 부모나 형제가 우울증으로 치료를 받았거나 받는 중인 분들이 많습니다. 심지어 외래에 부모와 자녀, 형제자매가 함께 오는 분들도 심심치 않게 있습니다. 그러다 보니 B씨처럼 우울증의 유전성에 대해 걱정하고 다른 가족들에게도 우울증이 유전되지 않는지, 유전된 것이 본인의 탓이 아닌지 여쭤보는 분들도 많습니다.

그러나 우울증의 유전성은 B씨와 같은 개개인의 탓이 아닙니다. 유전자 정보가 자손들에게 전달되는 과정은 확률의 문제이지 개인의 잘못이 아닙니다. 오히려 부모가 우울증으로 고생하는 모습을 오랫동안 지켜본 환자들이라면 본인이 우울증이 의심될 때 곧바로 정신과 외래에 내원하는 등 우울증에 대해 신속하게 대처할 수 있습니다. 마치 당뇨 환자의 자녀들이 당뇨 합병증으로 고생한 부모의 모습을 보며 반면교사로 삼아 평소에 올바른 식습관을 유지하고, 다이어트와 주기적인 운동을 통해 다른 이들보다 당뇨에 걸릴 확률을 줄이는 것처럼 말입니다.

유전학에 대한 이해가 깊어지면서 우울증의 발생에 작용하는 특정 유전자를 찾는 연구도 활발히 진행 중입니다. 아직은 몇몇 가능성 있는 유전자를 찾은 수준이지만, 지속적인 연구를 통해 언젠가는 우울증의 원인이 되는 유전자를 찾고, 이에 따라 맞춤형 우울증 치료법이 등장하기를 기대하고 있습니다.

2. 신경화학적 원인

우울증의 발생 과정에 대한 여러 이론이 있지만, 이 중 세로토닌, 도파민, 노르에피네프린과 같은 신경 전달 물질의 부족이 우울증의 원인이라는 가설이 가장 널리 알려져 있습니다. 이를 모노아민 가설Monoamine Hypothesis이라 합니다.

예를 들어, 사람들이 평소 세로토닌, 노르에피네프린, 도파민을 100씩 분비하면서 일상적인 기분 상태를 유지한다고 가정하겠습니다. 그러나 취업 스트레스, 고부간의 갈등, 학업에 대한 고민, 대인관계 형성 및 유지 어려움 등과 같은 스트레스를 느끼면 세로토닌, 노르에피네프린, 도파민의 분비량이 줄어듭니다. 다만 감소량은 사람마다 다릅니다. 우울증에 대한 유전적 취약성이 없거나 외적 스트레스의 강도가 상대적으로 약한 분들은 우울감 수준으로 떨어져서 시간이 지나면 스스로 회복할 수도 있습니다. 그러나 우울증에 대한 유전적 취약성이 있고, 외적 스트레스의 강도가 큰 사람은 세로토닌, 노르에피네프린, 도파민의 분비량이 50으로 줄어들기도 하고, 어떤 사람은 30으로, 또 어떤 사람은 10으로 줄어들 수도 있습니다. (50, 30, 10은 저자의 임의적 기준이자 예시입니다. 반드시 정상 대비 그 정도 수준으로 떨어지는 건 아닙니다.)

만약 우울증이 발생하는 수준이 세로토닌, 노르에피네프린, 도파민의 분비량이 정상 대비 50퍼센트 정도 감소하는 것이라면 50으로 줄어든 분들부터는 우울증으로 진단할 수 있겠지요. 만약 기준이 70퍼센트 감소라면, 30으로 줄어든 분들부터 우울증에 해당이 되는 것입니다. 의사들은 '우울증을 치료하기 위해서는 줄어든 세로토닌, 노르에피네프린, 도파민의 양을 채우면 되지 않을까?'라고 생각했습니다. 그리하여 현재 널리 쓰이는 우울증약인 선택적 세로토닌 재흡수억제제Selective Serotonin Reuptake Inhibitor, SSRI, 세로토닌-노르에피네프린 재흡수억제제Serotonin–Norepinephrine Reuptake Inhibitor, SNRI, 노르에피네프린-도파민 재흡수억제제Norepinephrine-Dopamine

Reuptake Inhibitor, NDRI 등이 만들어졌습니다. 각각 세로토닌, 세로토닌과 노르에피네프린, 노르에피네프린과 도파민 등을 뇌에 공급해 부족한 양을 채워주는 것이지요.

그러나 이 이론만으로 우울증의 발생과 치료를 100퍼센트 설명해주지 못하기 때문에 최근 이를 보완하는 다른 가설들도 제시되고 있습니다. 이 책에서 모든 가설을 다루기는 어려워 최근 흥미롭게 대두되고 있는 하나의 가설만 더 설명하겠습니다. 바로 면역 체계의 이상과 염증 반응이 정상적인 뇌세포에 손상을 주어 우울증을 유발한다는 가설입니다. 우리의 몸은 체내에 염증이 발생하거나 스트레스를 받으면, 면역 체계를 활성화해 사이토카인Cytokine을 분비시킵니다. 그런데 사이토카인의 분비가 지나치게 증가하면 오히려 뇌의 정상 세포를 파괴하고, 세로토닌의 생성을 감소시켜 우울증의 발생 확률을 높입니다.

3. 환경적 원인

36세 여성 C씨는 최근 심한 우울감과 무기력함을 느끼고 있다. 10년 전 취업과 동시에 객지에서 생활하며 한창 외로웠을 때부터 C씨의 곁에서 힘이 돼줬던 또 하나의 가족, 반려묘 D가 최근 세상을 떠났기 때문이다. 최근 몸이 불편한지 C씨가 귀가해도 가만히 있었던 D였지만, 그 존재만으로도 C씨는 많은 위로를 받았다. 펫 용품 전문점에서 좋은 음식과 건강식품도 사 먹이고 동물병원에서 링거도 맞춰줬지만, 세월의 흐름을 거스를 수는 없었다. D가 세상을 떠날 무렵, 회사에서는 큰 클레임이 들어와 비상 상황이었다. C씨는 용기를 내어 연가 신청을 했지만, 팀장은 크게 화를 내며 "지금 상황이 어느 때인데, 그깟 고양이 한 마리 죽은 것으로 유난이냐!"고 힐난했다. 그리고 다른 팀원들에게도 C씨의 이야기를 하며 정신력에 대해 지적했다. C씨는 D의 죽음으로 인한 우울감과 공허감으로 괴로운 상황에서 팀원들의 부정적인 시선을 받으며 더욱 위축됐고 우울감도 심해졌다.

우울증을 유발할 수 있는 환경적 요인은 매우 다양합니

다. 경제적 문제, 직장 업무 및 대인관계, 교우관계, 가족 내 갈등(특히 우리나라의 경우, 고부 갈등), 건강 문제, 사랑하는 대상의 상실(가족, 연인, 반려동물 등) 등 하나하나 열거하기도 어려울 정도로 많은 것들이 우울증의 원인이 될 수 있습니다. 또한 명절 때 취업, 결혼 등에 대한 질문, 시부모님의 며느리에 대한 임신 질문과 같은 사소한 일들도 지속적·반복적으로 발생하면 스트레스로 작용해 우울증의 원인이 될 수 있습니다. 물론 앞서 언급한 것처럼 유전적 취약성이 더 큰 사람들에게서 우울증이 더 빠르게, 그리고 심하게 발생할 가능성이 높습니다.

환경적인 요인으로 인한 스트레스로 우울증이 발생하는 과정을 증명한 실험이 있습니다. 1967년 미국의 심리학자

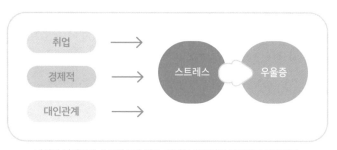

다양한 원인들이 스트레스가 되고, 이것이 심화되면 우울증로 유발된다.

마틴 셀리그만 Martin Seligman과 스티브 마이어 Steve Meyer는 두 우리 안에 나눠 개들을 가둔 뒤, 무작위로 5초간 전기를 흘려보내 충격을 줬습니다. 1번 우리에 갇힌 개는 코로 우리 앞의 버튼을 누르면 전기 충격이 바로 사라졌지만, 2번 우리에는 버튼이 없어서 그대로 전기 충격을 받아야 했습니다. 각각 64회 정도 전기 충격을 준 뒤, 우리에 있던 개들을 돌려보내고 다른 개들을 데려와 똑같은 실험을 시행했습니다.

다음 날 셀리그만과 마이어는 실험에 참가한 개들을 특수 제작한 상자에 넣었습니다. 가운데 큰 칸막이를 두고 2개의 구역으로 분리한 뒤, 한 구역에는 고음과 함께 전기 충격이 발생하게 제작했고, 다른 구역에는 전기 충격이 없게 설계했습니다. 그리고 개들을 모두 전기 충격이 발생하는 구역에 놓았습니다. 하루 전날 버튼을 눌러 전기 충격을 피할 수 있었던 개들은 모두 전기 충격이 없는 다른 구역으로 이동했지만, 전날 버튼이 없어 전기 충격을 견뎌야 했던 개들의 3분의 2는 아무것도 하지 않고 그대로 그 자리에 남아 전기 충격을 견디고 있었습니다. 즉, 전날 64번의 전기 충격을 겪은 개들은 자신들이 어떤 행동을 해도 전기 충격이 온다고 믿게 됐고, 이러한 믿음은 다음 날의 바뀐 상황에서도 지속됐습니다.

전기 충격을 견딘 개들이 보인 모습이 바로 학습된 무기력감Learned Helplessness입니다. 개인이 회피하거나 극복할 수 없는 부정적인 환경에 지속적으로 노출되면, 어떠한 시도나 노력도 현재 상황을 바꿀 수 없다고 결론지으면서 무기력해지는 현상입니다. 다시 말해 환경적 요인(신체적 질병, 경제적 원인, 대인관계, 군입대 등)으로 인한 스트레스가 지속될 때, 개인의 노력으로 이를 회피하거나 해결하기에 한계를 느끼면 그 사람은 학습된 무력감을 느끼고, 이로부터 헤어 나오지 못해 우울증에 빠지게 된다는 이론을 실험으로 입증한 것입니다.

저자는 이 실험에서 또 하나의 사실을 주목했습니다. 첫날 전기 충격이 있을 때 버튼을 눌러 고통을 피한 개들은 다음 날 반복된 전기 충격을 상자의 다른 구역으로 피하는 능동적인 방법을 통해 극복했다는 점입니다. 즉, 스트레스를 무조건 참지 않고 해결 방법을 모색한 끝에 학습된 무력감, 즉 우울증을 피할 수 있었습니다. 만약 후속 실험이 이뤄졌다면 이 개들은 어떻게 행동했을까요? 아마 다양한 방법을 모색하면서 전기 충격을 피하려고 했을 것입니다. 과거의 긍정적 경험이 스트레스로부터 벗어나려는 동기 부여가 되는 동시에 용기를 주지 않았을까요? 학습된 무기력감이 아니라 학습된 긍정성Learned Positivity이라고 볼 수 있을 것 같습니다.

그래서 우울증의 신속하고 올바른 치료가 중요합니다. 우울증으로 힘들어하던 환자가 약물치료와 상담치료를 받는 동시에 운동이나 모임 참여, 취미 활동 등 노력을 병행한다면 더욱 빠르게 회복될 것입니다. 한번 우울증을 이겨낸 긍정적 경험을 갖게 되면, 설사 우울증이 다시 오더라도 과거의 긍정적 경험을 떠올리며, 빠르게 우울증을 극복할 수 있습니다. 마치 이전에 자전거를 잘 탔던 사람이 오랫동안 자전거를 타지 않았어도, 몇 번 고생하면 곧 익숙하게 타는 것처럼 말입니다.

4. 심리학적 원인

정신분석학의 창시자인 지그문트 프로이트Sigmund Freud의 등장 이후, 그의 이론을 비판하고 대안을 제시하거나 또는 수용하고 개선한 많은 심리학 이론과 학파가 등장했습니다. 우울증의 원인 역시 학파마다 다양하게 해석하고 있습니다. 모든 이론을 소개하기에는 책의 한계가 있어 중요한 이론 3가지만 간단히 소개하겠습니다.

① "우울증은 무의식적 분노가 자신에게 향한 것"

_정신분석의 아버지, 지그문트 프로이트

30세 여성 E씨와 33세 남성 F씨는 오랜 연애 끝에 결혼을 결심했다. 그러나 양가 어른들의 반대와 경제적 문제 등 여러 가지 이유로, F씨는 E씨에게 갑작스럽게 결별을 선언했다. F씨와 헤어진 E씨는 처음에는 F씨가 자신을 사랑하지 않은 건 아닐까, 어떻게 나를 사랑한다면서 돈과 가족들의 반대라는 이유로 자신을 헌신짝처럼 버릴 수 있는가 하는 분노를 느꼈다. 그러나 시간이 지나자, E씨는 자신이 충분하게 사랑받을 만한 존재가 아니었기 때문에 F씨가 떠난 건 아닐까, 자신이 더 매력적이었다면 F씨가 경제적 문제도 감수하고 가족들을 더 설득하거나 또는 가족들과 사이가 나빠지는 걸 감수하고라도 자신과 결혼

하지 않았을까 하는 생각이 들었다. E씨는 이 모든 상황이 자신의 탓이라고 생각하고 우울해졌다.

프로이트는 우울증을 무의식적인 분노가 자신을 향하면서 발생한 현상Anger Turned Inward이라 해석합니다. 환자는 사랑하는 대상을 상실하면서(실제 사랑하는 사람일 수도 있고, 직업을 잃는 등의 상징적인 상실일 수도 있습니다) 슬픔을 느끼지만, 동시에 자신을 두고 떠난 대상에 대해 분노를 느낍니다. 그러나 분노의 감정이 향할 대상은 이미 떠나서 존재하지 않기 때문에 갈 곳을 잃은 환자의 분노는 자신에게 향합니다. 마치 부메랑처럼 말입니다. 스스로를 비난하고, 자책하고, 죄책감을 느끼게 되면서 자존감이 떨어지고, 자아의 기능이 약해지면서 결국 우울증이 온다는 이론입니다. 물론 이 모든 과정은 무의식으로 진행되기 때문에 환자는 자각할 수 없습니다.

또, 프로이트는 인간의 발달 단계를 연령에 따라 구강기-항문기-남근기-잠복기-생식기 등 5단계로 나눴는데, 0~1세의 구강기에서 부모로부터 올바른 욕구 충족이 이뤄지지 못한 사람은 구강기에 고착되고, 비관적인 성격이 형성되는 경우가 많아, 우울증이 발생할 가능성이 높다고 했습니다. 또한, 남근기에서 주로 형성되는 초자아 ^{Superego, 사회} ^{규범이나 윤리 의식이 내재화된 마음}가 지나치게 강력하게 형성된 경우, 스스로를 엄격하게 다루어 죄책감을 느끼는 경우가 많아지고, 이러한 죄책감이 우울증으로 이어질 가능성이 높다고 주장했습니다.

② "부정적 사고가 우울증을 키운다"

_인지치료의 대가, 아론 벡

24세 남성 G씨의 별명은 '투덜이'이다. 음대생인 G씨는 자신이 제대로 할 줄 아는 것이 없어서 사람들이 자신을 좋아하지 않는다고 이야기한다. 또, 본인은 미래에 대한 기대가 없다고 한다. 어차피 자신은 무능해서 무엇을 해도 안 될 것이니까 라고 그는 이야기한다. 그러나 친구들이 보기에 G씨는 그리 무능하지 않다. 전공 분야의 재능도 있고, 전공 과목 교수님께 칭찬을 들은 경우도 꽤 있는 편이다. 그러나 G씨는 이 정도 연주는 아무나 하는 수준이고, 자신을 칭찬한 교수님은 남들에게도 자주 칭찬하시는 분이라며 큰 의미가 없다고 한숨을 내쉰다. 그는 합주 때 지휘자가 지적한 작은 실수로 크게 낙심하고 역시 자신은 제대로 할 줄 아는 것이 없다며 우울감에 사로잡혔다.

인지치료의 대가 아론 벡Aaron Beck은 환자들의 인지에 주목했습니다. 그는 우울증 환자들이 부정적 사고를 통해 자신의 현실을 왜곡하고 우울증 증상을 더욱 나쁘게 만들거나 지속한다고 봤습니다. 마치 빨간색 셀로판지를 눈에 대면, 세상이 빨갛게 보이는 것처럼 말입니다.

벡은 인지삼제Cognitive Triad, 인지적 오류Cognitive Distortions, 부정적 핵심 믿음Negative Self-Schema을 통해 우울증을 유발하는 인지적 원인을 설명했습니다. 인지삼제는 자신에 대한, 세상에 대한, 그리고 미래에 대한 부정적인 인식과 해석, 기대, 기억 등을 말합니다. 부정적 사고만 하더라도 우울증의 원인이 될 것인데, 이러한 생각이 잘못된 정보 처리에 의해 강화되면 우울증의 발병 확률이 높아집니다. 인지적 오류는 사건의 의미를 해석하는 정보 처리 과정에서 발생하는 오류입니다. 긍정적인 면이 있는 사건도 부정적인 측면만을 선택적으로 받아들이는 선택적 집중 Selective-Attention, 특정한 나쁜 측면을 일반화하는 과일반화 Over-Generalization, 나쁜 정보는 과장하고 좋은 정보는 축소하는 과장 또는 축소 Magnifying or Minimizing 와 같은 것이 대표적인 인지적 오류입니다. 프로이트와 마찬가지로 벡 역시 인지적 오류도 무의식적으로 발생한다 여겼습니다. 마지막으로 부정적 핵심 믿음은 자신도 모르는 사이에 생겨난 고정된 믿음으로 각자의 성장 과정에서 형성됩니다.

벡은 우울증 환자들은 스스로가 무능하다는 핵심믿음과 자신은 사랑받을 수 없다는 2종류의 핵심믿음을 주로 보인다고 설명합니다. 즉, 우울증 환자들은 "나는 무능해서 어떤 일도 해낼 수 없어!", "나는 사랑받을 가치가 없어!"와 같은 생각을 늘 지닌 것이지요. 우울증이 발병하기 전에는 뚜렷하게 드러나지 않다가 특정 스트레스 상황에서 이러한 생각이 의식의 표면으로 떠오를 수 있습니다. 핵심믿음은 왜곡된 자동적 사고(무의식적으로 상황을 인식하는 과정)를 만들고, 이러한 과정이 반복되면 우울증이 발생합니다.

③ "불안정 애착으로 인해 우울증이 생길 수 있다"

_애착 이론의 창시자, 존 볼비

21세 남성 H씨의 부모는 미성년자로 H씨를 낳았다. 이후 H씨는 보육 시설에 맡겨졌다가 수개월 후 이 사실을 알게 된 외할머니 덕분에 어머니와 함께 지낼 수 있었다. H씨는 육아보다는 술에 취해 들어오기 일쑤인 어머니와 가끔 집에 찾아오지만 H씨에게 큰 관심을 보이지 않고 짜증만 내는 아버지, 홀로 가계를 꾸려가는 바쁜 외할머니 틈에서 외로운 유년시절을 보냈다. H씨는 학교에 가서 친구를 사귀려 노력했지만, 동시에 친구들과 친해져서 자신에 대해 자세히 알게 되면 손가락질할 것 같다는 두려움에 거리를 뒀다. 대학 입학 후 여자 친구도 사귀었지만, 여자 친구가 주말에 자신이 아닌 다른 친구들과 약속을 잡으면 자신과 헤어지려는 것 같아 불안했고, 여자 친구의 약속 자리에 불쑥 찾아가기도 했다. 여자 친구는 H씨의 집착에 질렸다며 결별을 선언했다. H씨는 여자 친구마저도 자신을 떠났다는 생각에 우울감에 빠졌다.

애착 이론Attachment Theory을 정립한 존 볼비John Bowlby는 어린

시절 적절한 애착 관계를 이루지 못해 불안정 애착이 형성되면 우울증이 발생한다고 주장했습니다. 애착은 아이가 양육자에게 형성하는 정서적 유대감입니다. 특히 생후 1년까지의 기간이 애착 형성에 가장 중요한 시기로서, 이때 양육자가 아이의 요구에 적절히 반응한다면 아이는 안정적 애착을 형성하지만, 그렇지 못하면 불안정 애착을 형성할 가능성이 큽니다. 아이에게 무관심하고 스마트폰에 빠져서 아이에게 시선을 주지 않는 부모, 매일 술을 마시고, 술에 취해 아이가 우는 걸 방치하는 부모, 아이와 눈을 잘 마주쳐주지 않거나 아이의 행동에 무관심하고, 심한 경우 무시하는 부모 밑에서 자라는 아이는 자신을 사랑받지 못하는 존재로 여기는 동시에 부모를 완벽하게 신뢰하지 못하는 존재, 자신을 버릴 수도 있는 존재로 인식하게 됩니다. 이런 아이들은 불안정 애착을 형성해 자신감이 부족하고, 타인에 대한 신뢰감을 갖지 못합니다. 타인이 언제든 자신을 떠날 수 있다는 불안감을 느끼기 때문입니다. 당연히 안정적 대인관계를 형성하지 못하고, 스트레스 상황에 잘 대처하지 못합니다. 이러한 감정들은 결국 우울증으로 이어질 수 있습니다.

반면, 아이가 배가 고파서 울거나 기저귀가 축축해서 울

때 아이를 살피고 아이가 필요한 걸 제공해주는 부모, 아이의 눈높이에 맞춰 아이의 말과 행동에 적극적으로 반응해주고 칭찬해주는 부모, 많은 스킨십을 해주는 부모 밑에서 안정적 애착을 형성한 아이는 스스로 사랑받는 존재임을 인식합니다. 당연하게도 아이는 높은 자존감을 유지하고, 부모를 신뢰하는 것처럼 다른 사람을 신뢰할 수 있습니다. 이를 통해 안정적인 대인관계를 형성하고 낯선 스트레스 상황에 적극적으로 대처하게 됩니다. 설사 우울감을 느끼더라도 긍정적 경험을 떠올리며 빠르게 극복합니다.

이외에도 우울증의 원인에 대한 다양한 심리학적 이론들이 존재합니다. 여러 심리학적 이론 중 한 이론이 절대적으로 옳거나 특정 환자에게 완벽하게 적용되는 경우는 매우 드뭅니다. 여러 이론 중 각자의 증상과 환경을 고려해 가장 도움이 되는 이론을 적용하고 이에 따라 적절한 치료법을 모색하는 것이 올바른 접근법입니다. 물론, 환자가 자신의 문제점을 깨닫고 극복하는 노력을 하는 것이 가장 이상적인 방향일 것입니다.

5. 성격적 원인

22세 남성 I씨는 사람들과 어울리기보다 혼자 조용히 있는 걸 선호한다. 과거 MBTI 검사를 해봤을 때도 내향성이 높게 측정 돼, '나는 원래 그런 사람이구나. 그래서 이렇게 지내는 것이 편하구나'라고 생각했다. 친구들이 함께 어울리자며 바깥 활동을 권유했지만 I씨는 "지금이 좋다"고 미소지으며 조용히 고개를 가로저었다. 그러던 어느 날, I씨는 힘든 일을 겪고 우울감이 심해져 정신과에 방문해서 우울증 진단을 받고 치료를 시작했다. I씨는 다른 사람들이었다면 이런 일 때문에 우울증이 걸리지 않을 터인데, 본인의 내향적인 성격 때문에 집에만 있으면서 스트레스를 제대로 풀지 못하고 쌓아만 놓아서 우울증이 온 것이 아닌가 하는 생각에 마음이 불편했고, 친구들의 활동 권유를 거절해 외향적인 성격으로 변할 기회를 놓쳤다는 생각에 후회와 자책을 했다.

정신과으로 병적인 성격이라 부르는 10개의 인격장애 Personality Disorder 와 우울증의 연관성은 명확히 증명되지 않았습니다. 그렇다면 요즘 유행하는 성격 분류법인 MBTI Myers

Briggs Type Indicator 의 경우는 어떨까요? 우울증에 잘 걸리는 MBTI 성격이 있을까요?

미국의 노스캐롤라이나 대학병원에 입원한 130명의 우울증 환자를 대상으로 한 연구를 통해 그 결과를 알 수 있습니다.[5] 해당 연구에서 입원한 우울증 환자를 대상으로 MBTI 검사를 시행한 결과 가장 많은 비율을 차지한 성격은 ISFP 였습니다. 무려 29퍼센트를 차지했습니다. 두 번째는 INFP 성격으로 15퍼센트를 차지했습니다. (ISFJ, ESFJ도 동일하게 15퍼센트지만 통계적 유의성에서 INFP에 비해 떨어져, 대략 공동 3등이라 볼 수 있습니다.) 반면 ENFJ와 ENTJ는 우울증과 가장 연관이 없는 성격으로 나타났습니다. 연구 결과 가장 주목할 만한 성격은 I[Introvert], 즉 내향성입니다. 내향성은 29퍼센트를 차지한 ISFP에는 물론, 15퍼센트 이상 차지하는 성격 3개 중 2개에 포함돼 있습니다.

이 연구 외에도 1993년 시행된 오토 크뢰거[Otto Kroeger]와 자넷 튜슨[Janet Thuesen]의 연구에서도 ISFP 성격이 스트레스를 받으면 우울증과 불안증이 발생할 가능성이 높다는 결과가 나왔으며, 심지어 MBTI를 만든 마이어스[Myers]와 브릭스[Briggs]가 1985년 작성한 MBTI 매뉴얼에서도 ISFP와 INFP 성격은 우울한 경향을 지니고 있음을 고려해야 한다고 서술돼 있습니다.

그렇다면 우울증의 발생 가능성이 높은, 내향성이 강한 사람은 어떤 모습일까요? 많은 사람들과 사회적 관계를 맺는 것이 힘들고, 그 안에서 불안감을 느끼는 사람. 대인관계를 맺는 데 신중하며, 그룹에 있기보다 혼자 있기를 좋아하는 사람. 다른 사람과 어울리지 못해도 혼자 하고 싶은(할 수 있는) 것들이 많아서 아쉽지 않은 사람입니다.

물론 내향적이라고 반드시 우울증에 걸리는 건 아닙니다. 때때로 외향적이고, 확고한 목표가 있고 이를 향해 적극적으로 나아가는, 우울증과 거리가 있어 보이는 사람들도 우울증을 겪습니다. 산이 높으면 골이 깊고, 빛이 밝으면 그림자가 짙은 것처럼 외향적이고 적극적인 사람은 다양한 상황을 접하고, 여러 사람을 만나면서 스트레스를 받는 상황도 많이 경험합니다. 또, 평소 본인의 긍정적인 이미지에 맞게 행동해야 한다는 책임감과 의무감 때문에 자신의 감정을 솔직하게 표출하기 어려울 수도 있습니다.

내향성이 우울증과 밀접한 관계가 있지만, 이 역시 스스로의 노력과 주변의 도움으로 극복 가능합니다. 대체로 내향적인 이들은 우울감에 빠져 있을 때 주변 사람들이 도우려고 해도 거부감을 보입니다. 워낙 혼자 하는 것이 익숙하기 때문입니다. 그러나 그 고립을 탈피하는 것이 치료의 시작입니다. 정신과에 내원해 의사와 대화를 하는 것이 바로 그 시작점입니다. 스스로의 의지로 타인과 관계를 형성하기 시작하는 것이지요.

이후 의사와의 지속적인 면담과 치료 과정을 통해 상호 신뢰를 쌓아가는 과정을 경험해야 합니다. 그리고 이 경험을 가족, 친구, 동료들과의 관계 형성에도 적용해나가는 노력이 필요합니다. 마치 수영장에 처음 간 어린이가 처음에는 엄마나 선생님 옆에만 있다가 점차 물에 대한 두려움을 떨쳐내고, 수영이 익숙해지면서 다른 아이들과 시간 가는 줄 모르고 놀게 되는 것처럼 말입니다. 처음이 어렵지, 변화가 이어지면 달라질 수 있습니다.

· · ❀ · ·

이처럼 우울증의 원인은 하나의 이론이나 가설만으로 완벽하게 설명할 수 없기에 개인의 상황과 병력에 따라 다양하게 적용해 해석하기도 합니다. 따라서 개개의 원인에 대해 파악하되 여러 원인이 서로 영향을 주면서 통합적으로 작용해 우울증이 발생하는 것으로 이해하는 편이 옳은 방향입니다.

우울증이라는 걸 어떻게 알 수 있을까?

우울증 진단법

23세 남성 J씨는 며칠 전부터 우울감을 느끼고, 잠을 자기 어렵고 식욕도 떨어졌다. 그는 자신이 우울증이 아닌지 열심히 인터넷을 검색해봤다. 그러던 중 '우울증 진단법'이 담긴 유튜브 영상을 보게 됐고, 영상에서 추천한 우울증 선별 도구 검사를 해봤더니 15점이 나왔다. 중간 정도 수준의 우울증에 해당하는 점수에 놀란 J씨는 다음 날 정신과에 내원해 자신이 우울증인 것 같다고 이야기했다.

J씨와 상담을 한 의사는 J씨의 증상과 기간을 고려할 때 현시점에서는 우울증으로 보이지 않는다고 설명했다. J씨는 검사 결과를 들은 체도 하지 않고, 자신의 이야기를 과소평가하고 자

신에게 아무것도 해주지 않는 의사가 원망스러웠다. 동시에
제대로 된 진단과 치료를 받아야겠다는 불안감에 다른 정신과
로 발걸음을 옮겼다.

　요즘에는 인터넷에 조금만 검색해도 '우울증 진단하는
법'을 쉽게 접할 수 있습니다. 그중 가장 흔한 건 벡 우울 척
도^{Beck Depression Index, BDI}나 우울증 선별 도구와 같은 자가보고
형 검사를 통해 진단하는 것입니다. 즉, 스스로 위의 검사들
을 해보고 특정 점수 이상이 나오면 우울증으로 판단하는
것입니다. 실제로 최근 정신과에 내원하는 분 중 J씨와 비
슷한 사례가 많습니다. 인터넷 사용에 익숙한 젊은 연령대
의 내담자들이 스스로 자가보고형 검사를 해보고 "내가 몇
점 이상이라 우울증인 것 같아서 왔다"는 이야기를 많이 합
니다.

　우울증에 대한 정보를 직접 찾아보고 병에 대해 알려는
환자의 노력은 칭찬할 일입니다. 다만 단순히 자가보고형
검사 결과 또는 인터넷에 있는 우울증 진단 기준 중 일부에
해당하는 것만으로는 무조건 우울증이라 할 수 없습니다.
그럼 우울증은 어떻게 진단할까요? 정신과에서는 다음 6가

지 방법을 통해 우울증을 진단하고 있습니다.

· · 🧩 · ·

1. 병력 청취

우울증을 포함한 모든 정신과에서의 진단은 의사와의 직접 상담을 통해 이뤄집니다. 정신과 의사는 면담 내내 환자가 자신의 언어로 표현하는(특별한 용어를 쓰려고 노력하기보다 평소 쓰는 말로 표현하는 것이 진단에 도움이 됩니다.) 병력에 대해 경청합니다. 때로는 과장되고, 때로는 애매모호한, 다소 불명확한 환자의 표현 속에서 정신과 의사는 환자의 증상의 본질을 알아내기 위한 질문을 반복합니다. 정신과 전문의라 할지라도 한 번에 환자의 모든 걸 알 수는 없습니다.

환자가 자신의 증상을 어떻게 표현하느냐에 따라, 의사의 진단과 치료 역시 달라집니다. 따라서 환자가 자신의 증상을 정확하게 표현할 수 있게 이끄는 것이 정신과 의사에게 가장 중요한 능력입니다. 예를 들어, 자신은 우울하기보다는 기분의 업다운의 차이가 큰, 감정 기복이 심해 힘들다고

내원한 환자가 있습니다.

환자　저는 기분이 변화하는 폭이 너무 커요. 좋을 때는 한없이 좋다가도, 나쁠 때는 너무 다운돼서 힘들어요. 인터넷에서 찾아보니 이런 상태를 조울증이라고 하더라고요. 그래서 찾아왔어요.

의사　네, 큰 기분 변화를 겪는 건 참 힘든 일이지요. 고생 많으셨습니다. 혹시 기분이 좋을 때 어느 정도로 좋은가요? 늘 행복감을 느끼고 자존감이 많이 올라가고 남들에게 기분 좋아서 한턱낼 정도로 좋은가요?

환자　아뇨. 그 정도는 아니에요. 그냥 기분이 좋아요. 웃기도 하고, 농담도 하고.

의사　네, 그러시군요. 그렇다면 기분이 좋을 때는 활력이 넘치거나 잠을 자지 않아도 피곤하지 않고, 여러 가지 일을 해도 지치지 않고 잘 수행할 수 있다는 자신감이 생기나요?

환자　네, 그런 편이에요. 새로 이런저런 일들을 시작할 정도는 아니고 그냥 하던 일들을 지속해요. 잠 시간이 그렇게 줄지는 않은 것 같고. 잠을 못 자면 피로감도 느끼

고, 활력이 있기는 하지만 넘칠 정도는 아닌 것 같아요

의사 　그렇군요. 그러한 시기가 며칠간 쭉 지속되나요? 우울
　　　감 없이?

환자 　그렇지는 않아요. 좋은 일이 있거나 하면 그렇고, 며칠
　　　동안 지속되지는 않아요. 그러다가도 살짝 기분이 다운
　　　되기도 하고요.

의사 　기분이 다운된다고 하셨는데, 어느 정도로 힘든 것일
　　　까요?

환자 　음, 그때가 되면 우울하고 무기력감이 심해요. 불안해
　　　서 잠도 못 잘 때가 있고, 가슴이 두근거리거나 답답할
　　　때도 많고. 사람들 만나기도 싫고, 그냥 집에서 혼자 시
　　　간을 보내요. 나도 모르게 울컥하면서 눈물을 흘릴 때
　　　도 있고요.

의사 　우울감과 무기력감이 심하셨다니 많이 힘들었겠습니
　　　다. 그럼 이런 증상들이 있을 때 사회생활은 어떤가요?

환자 　일단 출근하기 너무 싫고, 사람들과 이야기도 잘 하지
　　　않아요. 사람들이 제 표정을 보고 많이 안 좋아 보인다
　　　고 하고, 그런 이야기가 더 싫어서 자꾸 사람들을 피하
　　　려고 해요. 그러다 보니 자주 가던 장소도 가지 않게 되

고, 모임이나 연락도 피해요.

의사 수면에는 어떤 변화가 있을까요?

환자 잡생각이 많아서 잠들기도 어렵고, 중간에 자주 깨요. 원래 7시에 일어나는데 3~4시에 깨서 다시 못 자고 뒤척이는 경우도 많아요. 그럴 때마다 너무 괴로워요.

의사 식사는 잘 하시나요? 혹시 최근 체중 변화가 있으셨나요?

환자 식욕이 없어서 잘 먹지도 않고, 먹으면 얹히는 것 같아서 잘 안 먹으려고 해요. 체중도 한 5킬로그램 정도 빠졌어요.

(이하 생략)

　　내원 시 기분의 업다운이 심하다는 환자의 이야기만 들어보면 조울증이 아닐까 생각할 수도 있지만, 위의 사례와 같이 실제 이야기를 나눠보면 환자가 기분이 업됐다고 표현한 시기는 조증이나 경조증이 아니라 통상적인 기분 상태이고, 기분이 다운된다고 하는 것이 우울 삽화인 경우가 있습니다. 환자에게서 우울한 기분, 흥미나 즐거움의 상실, 식욕 저하 및 체중 감소, 수면의 변동, 정신 운동의 저하, 무가치감, 자살 사고 등 주요 우울장애의 진단 기준에 부합되는 증상을 보이면, 감정 기복보다는 평범한 기분 상태를 유지하다가 우울 삽화가 발생한 것으로 판단합니다. 즉, 주요 우울장애로 진단합니다.

환자는 면담 과정에서 의도적이든 비의도적이든 한 번에 모든 걸 이야기하지 않습니다. 만약 의도적이라면 저항이라

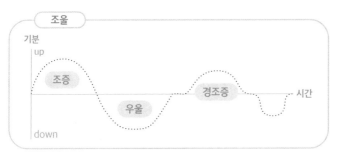

환자가 생각하는 기분이 업된 상태 = 조증이나 경조증 → 조울증으로 판단

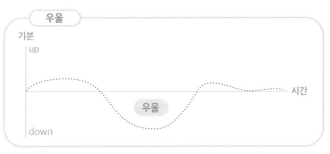

의사가 파악한 기분이 업된 상태 = 평범한 기분 상태 → 우울증으로 판단

는 방어 기제일 것이고, 비의도적이라면 본인도 깜빡하고 면담 시간에 말하지 못한 것일 수도 있습니다. 따라서 정확한 진단적 평가를 위해서는 여러 차례의 면담이 필요합니다. 간혹 당일 진료 후 진단서를 요구하는 환자들이 있는데, 정신과 의사들이 이에 답할 수 없는 이유이기도 합니다. 이 과정에서 정신과 전문의는 거듭된 질문을 통해 사실 확인은 물론, 환자조차도 의식하지 못한 내면의 심층적인 감정을 탐색합니다. 환자의 이야기를 명료화해 정리해주며, 스스로 자신의 증상을 과대평가 또는 과소평가하지 않게 도와줍니다.

반복된 면담을 통해 환자의 병력에 대한 자세한 정보를 얻을수록 환자가 겪는 질환의 실체에 가깝게 접근할 수 있습니다. 정확한 진단적 평가가 이뤄지면 치료적 단서도 얻을 수 있습니다. 그래서 정신과 의사들의 수련 과정 중 가장 중점을 두는 교육이 병력 청취입니다. 저자들 역시 많은 우울증 환자를 치료하면서 사소하고도 작은 정보들이 모여 환자의 정확한 진단과 치료에 큰 도움이 된다는 걸 깨닫게 됐습니다. 환자와 이야기할 재료도 많아지고, 세세한 정보를 묻는 과정에서 환자와의 많은 대화를 통해 라포르[Rapport, 의]

사와 환자 사이의 긍정적 신뢰 관계가 형성되는 경험을 얻기도 했습니다. 그러므로 정신과에 내원했는데 의사가 우울증 증상 외에도 다양한 영역의 질문을 하는 것에 너무 놀라지 말고, 본인이 대답하기 싫거나 불편하다면 솔직하게 이야기하세요. 하지만 그렇지 않은 영역에 대해서는 잘 답해준다면 이는 곧 환자의 진단과 치료, 궁극적으로는 라포르 형성에 큰 도움이 됩니다.

2. 비언어적 표현

환자의 비언어적 표현 역시 우울증 진단 및 치료의 방향을 결정하는 데 매우 중요한 정보입니다. 정신과 의사는 환자의 이야기를 경청하는 동시에 환자의 표정이나 몸짓, 태도, 어조나 뉘앙스, 반응 속도 등을 관찰해 많은 정보를 얻습니다.

예를 들어, 환자가 의사의 이야기에 제대로 집중하지 못하고 반문하거나 자신의 이야기를 하다가 "내가 방금 무슨 이야기를 하고 있었지요?" 하며 자주 되묻는 모습을 보일 때, 의사는 환자가 주의 집중력의 저하가 온 것이 아닐까 추측할 수 있습니다. 주의 집중력의 저하는 우울증의 주요 증상 중 하나입니다.

또 환자가 의사의 질문에 대답할 때 오래 걸리거나, 자신의 이야기를 힘겹게 시작하고, 길게 말하기 어려워할 수도 있습니다. 이러한 경우는 우울증 증상 중 무기력감이 심하고, 정신 운동이 저하돼 있다^{Psychomotor Retardation}고 볼 수 있습니다. 이와는 반대로 손을 떨거나 발을 동동 구르고, 안절부절못하는 모습을 보이며 의사의 질문에 단답식으로 빠르게 이야기하는 환자도 있습니다. 이는 정신 운동 초조^{Psychomotor Agitation}로 보며, 우울증 증상 중 불안감이 고조됐다고 판단합니다.

똑같은 우울증이지만, 무기력감이 심하고 정신 운동 저하를 보이는 우울증과 불안감이 심하고 정신 운동 초조를 보이는 우울증은 투약하는 약물의 종류와 면담기법 등에서 큰 차이를 보일 수 있습니다. 그 외에 환자에게 자해한 상처가 있는지, 상처가 있다면 이를 감추려고 하는지, 면담 중 혼자 중얼거리거나^{Soliloqui} 대화에 상관없이 씩 웃는지^{Silly Smile}, 자신의 증상을 과장되게 표현하거나 또는 다 괜찮다며 감추려고 노력하는지 등에 따라서 우울증의 여부 및 어떤 종류의 우울증인지, 어느 정도로 심각한지 등을 파악할 수 있습니다.

3. 보호자 병력 청취

앞서 언급했듯이 환자의 이야기는 우울증 진단의 가장 핵심입니다. 그러나 환자가 정신과 면담에 비협조적이거나 의식이 없는 경우 또는 환청이나 망상이 심할 때는 직접적인 병력 청취가 어렵습니다. 이런 경우에는 함께 사는 가족이나 연인, 친한 친구, 선생님, 직장 동료 등 환자에 대해 가장 잘 아는 주변인을 통한 간접적인 병력 청취도 환자의 진단에 큰 도움이 됩니다.

예를 들어 환자가 자살 목적으로 보유하고 있는 약을 한꺼번에 먹어 의식이 명료하지 않아 직접 면담이 어려운 상황도 있습니다. 또는 자신은 우울증이 아니라 술을 먹고 푹 자고 싶어서 한 행동이라며 정신과 치료를 거부할 수도 있습니다. 설사 면담실에 오더라도 의사의 질문에 제대로 답변을 하지 않거나 침묵을 지키고, 또는 이제는 마음이 괜찮아졌다며 치료 필요성을 부인하기도 합니다. 이와 같이 환자를 통한 병력 청취가 제한될 경우, 의사는 보호자 면담을 통한 병력 청취를 통해 환자의 상태를 추정할 수 있습니다. 다만, 이는 어디까지나 추정 진단이며, 추후 환자와의 면담을 통해 정보를 재확인하고, 면밀한 진단적 평가 및 치료를 해야 합니다.

환자가 보호자와 동행해 정신과에 내원한 경우, 환자와의 면담 전후로 보호자와 면담해 환자의 병력을 파악하는 것도 진단적 평가에 큰 도움이 됩니다.

보호자의 시각에서 환자가 언제부터 변했는지, 과거와 비교해 우울, 불안, 무기력 등 증상이 얼마나 심해졌는지, 위의 증상이 환자의 직업적 활동이나 대인관계에 얼마나 영향을 미쳤는지, 보호자가 관찰한 환자의 수면 시간, 식사량, 체중 변화 등은 어떠한지 등 환자가 스스로 인지하지 못하는 부분들을 보호자의 시각을 통해 파악할 수 있고, 이는 진단의 재료로 쓰일 수 있습니다. 여러 보호자를 면담해 얻은, 다양한 시각을 통한 환자에 대한 정보가 많을수록 우울증의 정확한 진단과 치료적 방향 설정에 큰 도움이 됩니다.

정신과에서의 진단은 의사와 상담을 통한 병력 청취가 핵심입니다. 의사는 상담을 통해 얻은 언어적·비언어적 정보, 보호자들의 이야기 등을 종합해 진단적인 평가를 합니다.

4. 심리검사

내과나 외과에서는 혈액 검사나 X-ray, MRI, CT, 초음파 등을 통해 환자의 상태를 파악하고, 진단의 근거로 사용합니다. 그렇다면 정신과에도 이렇게 진단과 평가에 도움을 주는 검사가 있을까요? 바로 심리검사입니다. 심리검사는 사람의 지능, 성격, 태도 등 개인적인 능력이나 심리적 상황, 장애를 알아내기 위한 검사 방법을 포괄적으로 이르는 말입니다. 흔히 아는 지능검사나 성격검사, 우울증이나 공황장애 같은 정신과 질환의 심각도를 알아보는 검사, 신경심리검사, 치매검사 등이 포함됩니다.

정신과에서는 하나의 질환에 하나의 검사만을 시행하지는 않습니다. 우울증이 의심될 경우 우울증에 대한 검사는 물론, 불안장애 검사, 대인관계에 대한 검사, 수면의 질에 대한 검사, ADHD 검사를 함께 시행합니다. 이를 통해 우울증에 어떤 정신과 질환이 동반됐는지를 파악하고, 다른 질환과의 감별 진단을 시도합니다.

예를 들어, 잠을 못 자서 내원한 환자에게 수면의 질에 대한 검사는 물론, 우울증과 불안장애에 대한 검사도 함께 시행합니다. 병력 청취상 큰 이상이 없는 것 같더라도 심리검사상 우울증과 불안장애 점수가 높게 나온다면, 환자의 불면증은 우울증이나 불안장애 때문에 발생한 2차적인 증상일 가능성이 있고, 그것이 면담의 방향을 정하는 중요한 포인트가 될 수 있습니다. 즉, 단순 불면증에서 우울증이나 불안장애로 진단이 바뀔 수도 있다는 것입니다. 마찬가지로 우울감을 호소하는 환자에게서 환청이나 망상이 동반된 경우 조현병 검사, 기분의 변동이 심할 경우 조울증 검사도 함께 시행해 우울증과의 감별 진단을 시도합니다.

정신과에서 쓰이는 심리검사는 매우 다양합니다. 앞서 언급했듯이 인간의 기능과 심리를 100퍼센트 파악할 수 있는 표준화된 검사가 아직 존재하지 않기 때문입니다. IQ 검사와 같은 비교적 객관적인 검사에도 오류의 가능성은 항시 존재하며, 환자의 정신과 상태와 외적 상황 등 영향을 줄 수 있는 요소들은 매우 많습니다. 그러므로 검사에서 나온 수

치만으로 진단하는 건 지극히 위험하고 부정확한 방법이며, 정신과 의사의 환자에 대한 임상적인 판단에 기반을 두고 심리검사를 해석해야 합니다. 심리검사는 어디까지나 환자의 진단을 도와주는 도구일 뿐 절대적 기준은 아닙니다. 따라서 검사 결과만을 기준으로 모든 걸 판단할 수는 없다는 사실을 다시 한번 강조합니다.

다음은 대표적인 심리검사 2가지로, 그 안에서도 종류가 다양하게 나닙니다. 내용을 가볍게 다뤘으니 참고해보면 좋겠습니다.

① 증상 및 행동 평가 척도

심리검사 중 환자에게 현재 어떤 증상이 있고, 얼마나 심한지를 알아보는 검사가 있습니다. 이를 증상 및 행동 평가 척도라 부릅니다. 이들 검사는 환자가 자신이 느낀 대로 체크하는 자가보고형 검사와 의사가 환자와의 면담한 후 평가하는 검사로 나닙니다.

인터넷에서 우울증 테스트라 불리는 검사들은 대부분 자

가보고형 검사입니다. 자가보고형 검사의 경우 환자가 스스로 설문지를 쓰듯 작성하면 되어 간단하고 편리한 장점이 있으나, 환자의 주관성에 지나치게 의존한다는 단점이 있습니다. 의사가 직접 평가하는 검사의 경우 임상적으로 자가보고형 검사보다 정확할 수 있으나, 이 역시 의사의 주관성에 따라 차이가 있습니다.

　우울증의 대표적인 척도 검사는 벡 우울 척도, 해밀턴 우울증 평가 척도HAMilton Depression Rating Scale, HAM-D, 노인 우울 척도Geriatric Depression Scale, GDS, 아동 우울 척도Children's Depression Inventory, CDI 등이 있으며, 불안장애 척도는 벡 불안 척도Beck's Anxiety Inventory, BAI, 해밀턴 불안 척도HAMilton Anxiety Rating Scale, HAM-A, 불면증에 대한 평가는 피츠버그 수면의 질 지수Pittsburgh Sleep Quality Index in Korean, PSQI-K 등이 있습니다.

② 성격검사(인성검사)

　이와 같은 증상 및 행동 평가 척도 검사 이외에도 환자의 성격적 요소를 알아보는 검사들이 존재합니다. 흔히 성격

검사(인성검사)라고 부르는 검사인데, 그 안에서도 여러 종류가 있습니다. 표준화된 하나의 검사가 아니라 여러 종류의 검사들이 존재한다는 건, 역설적으로 성격을 알 수 있는 대표성과 정확성을 확보한 검사가 아직 없다는 걸 의미합니다. 위의 검사들은 피검사자들의 응답 형식에 따라 크게 2가지로 나뉩니다.

첫째는 구조화 및 표준화된 검사입니다. 이 중 가장 널리 사용되는 건 미네소타 다면성 인성 검사Minnesota Multiphasic Personality Inventory, MMPI입니다. 만 18세 이상 성인의 경우는 MMPI, 만 13~17세 청소년의 경우는 청소년용 미네소타 다면성 인성 검사Minnesota Multiphasic Personality Inventory-Adolescent, MMPI-A를 시행합니다. 567문항으로 이뤄져 있으며, 자신의 장래에 희망이 없는지, 자신을 중요한 사람으로 여기는지와 같은 질문에 예 또는 아니오로 답하는 검사입니다. 예 또는 아니오를 선택하기 어려운 경우, 조금이라도 본인의 생각에 가까운 쪽으로 응답하면 됩니다.

검사가 끝나면, 결과를 3개의 타당도 척도와 10개의 임상 척도로 해석해 그래프로 보여줍니다. 타당도 척도는 본인이 성실하고 솔직하게 답변을 했는지를 알려줍니다. 의도적으로 자신이 문제가 있다고 썼는지, 필요 이상으로 자신이 괜찮다고 감췄는지 등을 판단하게 도움을 줍니다. 물론 100퍼센트 정확도는 아닙니다.

10개의 임상 척도는 Hs(건강염려증), D(우울증), Hy(히스테리), Pd(반사회성), Mf(남성성-여성성), Pa(편집증), Pt(강박증), Sc(조현병), Ma(경조증), Si(내향성)으로 구성돼 있습니다. 각 척도마다 해당되는 정신과 질환이 있으면, 높게 측정되는 경우가 많습니다.

예를 들어, 우울증은 D척도가 높은 경우가 많고, 2장의 성격적 원인에서 예시로 들었던 22세 남성 I씨의 경우처럼, 내향적인 성격이 우울증에 영향을 줬다면 Si척도도 함께 높아집니다. 보통 T 점수(평균을 50, 표준편차를 10으로 구분한 일종의 환산점수)가 65점 이상일 때, 임상적으로 의미가 있다고 판단합니다. 다만 검사 결과만으로는 질병 여부를 판단할 수는 없고, 정신과 전문의의 임상적 판단을 통해 진단이 이뤄집니다. MMPI 검사는 대규모 시행이 가능하고, 수치화할 수 있는 장점이 있어서 기업, 군대, 대학 등에서 널리 쓰이고 있습니다.

둘째는 투사적 검사입니다. 일부러 모호하고 다양하게 해석 가능한 자극 또는 단서를 주고 이에 대한 피검사자의 반응과 해석을 판단하는 것입니다. 아마 몇몇 검사는 예능이나 게임을 통해 접한 분도 있을 것입니다. 특정한 그림을 보고 해석하는 주제통각검사Thematic Apperception Test, TAT, 좌우 대칭의 잉크 얼룩을 보고 연상하는 로샤검사Rorschach Test, 불완전한 문장을 채워서 완성하는 문장완성검사Sentence Completion Test, SCT, 집-나무-사람 검사House-Tree-Person, HTP, 단어연상검사Word Association Test, WAT 등이 대표적인 투사적 검사입니다. 검사에 대한 환자의 반응은 물론 반응 속도, 일관성, 반응 내용 등을 모두 고려해 판단합니다.

5. 내외과적 검사

28세 여성 K씨는 최근 3개월간 지속된 우울감 때문에 정신과에 내원했다. 그녀는 기분이 많이 가라앉고, 무기력하며, 의욕이 없고, 평소보다 활동량이 크게 줄었다고 했다. 식욕이 늘어난 것도 아닌데 3~4킬로그램의 체중 증가가 있었고, 피부가쉽게 건조해지고, 머리카락이 거칠고 잘 부서져 고민이라고 했다. 가을 날씨에도 춥다며 면담 내내 두꺼운 옷을 입고 있었다. 그녀의 목 주변은 부은 것처럼 보였다. 의사는 그녀에게 갑상선 기능 검사를 포함한 혈액 검사를 우선 권유했다. 그녀는 불과 5개월 전 건강 검진을 받았고, 우울감과 무기력함에 대한 치료를 위해 큰마음을 먹고 정신과에 내원했는데 뜬금없이 혈액 검사부터 받아보라는 의사의 권유를 이해할 수 없었다.

정신과에 내원한 환자들에게 몇몇 정신과 의사들은 혈액 검사나 머리 MRI 검사, 또는 갑상선 초음파 검사를 권유합니다. 내과나 신경과, 산부인과 진료를 먼저 보는 것이 좋겠다는 다소 뜬금없는 권유도 합니다. '아니, 나는 지금 큰 결심을 하고 정신과에 왔는데 이 의사는 왜 엉뚱한 검사를 권유하는 거지?'라는 생각에 의아해하는 환자들의 모습을 자주 봅니다. 그러나 이런 이야기를 하는 정신과 의사들이야말로 교과서적인 진료를 하는 의사들입니다. 정신과 치료의 가장 중요한 원칙 중 하나는 '기저 질환과의 감별'입니다. 즉, 환자가 호소하는 여러 정신과 증상(불면, 불안, 가슴 두근거림, 답답함, 두통, 무기력감, 식사량 저하 및 체중 감소)들이 내과적 이상에 따른 것일수 있으므로 검사를 통해 이상 여부를 확인해야 합니다.

우울증도 마찬가지입니다. 앞선 사례에서 P씨는 우울감, 무기력감, 무의욕증, 체중 저하 등 우울증을 의심할 수 있는 증상이 있어 정신과에 내원했습니다. 여기까지 듣고 보면, '당연히 우울증 아닌가?'라고 생각할 수 있습니다. 그러나 정신과 의사가 면담 후 환자의 우울감을 유발할 만한 뚜렷한 외적 사건이나 스트레스를 받는 환경이 없고, 우울증에 동반되는 다른 증상(불면, 우울감, 자살 사고나 시도, 불안감 등)이 없거나 심하지 않다고 판단하면 정신과 의사는 내과적 원인 역시 고려할 것입니다.

P씨와 같이 식욕이 늘지 않았는데도 체중 증가가 있고, 피부 건조증과 머리카락이 거칠고 잘 끊어지는 증상, 추위에 지나치게 과민한 점, 목 주변이 부은 상태 등은 갑상선 기능 저하증에서 흔히 발생하는 증상들입니다. 그러므로 우선 갑상선 기능 검사를 통해 이상 여부를 확인한 뒤, 별다른 이상이 없다면 의사와 환자 모두 안심하고 정신과 치료를 진행할 것입니다. 환자에게는 번거로울 수 있지만, 안전하고 합리적인 치료 과정입니다. 여성의 경우는 산부인과나 내분비내과에서 여성 호르몬 검사를 받아 갱년기 여부를 파

악하고, 어르신들의 경우는 신경과 등에 방문해 파킨슨씨병에 대한 감별 진단을 하는 것도 같은 이유입니다.

정신과 진료 전 내과적 검사를 권유하는 또 다른 이유는 정신과 약물치료 전 환자의 몸 상태를 점검하기 위함입니다. 다른 약과 마찬가지로 정신과 약물들 역시 주로 간이나 신장에서 대사됩니다. 그러나 환자의 간이나 신장에 이상이 있어서 약물의 대사가 잘 이뤄지지 않는다면 이 환자는 같은 효과를 내기 위해 더 높은 용량의 약물을 복용해야 합니다. 반대로 간이나 신장이 질병으로 인해 기능이 떨어진 환자일 경우에는 약물을 평균 용량보다 낮춰 처방해야 합니다. 즉, 환자의 안전과 치료 효과의 극대화를 위해 필요한 과정입니다.

따라서 혈액 검사나 X-ray, CT, MRI, 초음파 등 검사 권유에 대해 부정적으로 느끼기보다는 일종의 건강 검진을 받고 안전하게 치료를 시작한다고 생각하면 좋겠습니다.

6. 치매검사

70세 여성 L씨는 3년 전 남편이 사망한 뒤로 시골집에서 홀로 지내고 있었다. L씨를 걱정한 딸은 자신이 사는 아파트로 이사할 걸 권유했다. L씨도 이사하면 가족들과 가깝게 지내며 외로움이 덜하리라 생각했지만, 막상 딸과 사위도 직장에 다니고, 손주들도 학교에 가느라 오히려 혼자 집에 있는 시간이 많아졌다.

이사한 지 몇 개월 후부터 L씨의 행동에 변화가 생겼다. 아침에 딸에게 전화한 뒤, 저녁에 재차 전화해 안부를 묻고, 아침에 했던 이야기를 반복하고, 며칠 전 자녀들과 함께 갔던 장소도 기억하지 못했다. 사랑하는 외손자의 이름도 혼동하고, 하루는 아파트 동호수를 기억하지 못해 한참 헤매다 관리인에 의해 발견돼 딸에게 연락이 오기도 했다. 이후로 딸은 꼭 자신과 외출하자고 했고, 집안일도 본인이 다해 L씨의 부담을 줄였다. L씨는 딸네 집의 강아지에게 먹이를 주는 일 외에는 할 일이 없었다. 딸의 노력에도 불구하고, L씨의 인지력은 악화일로였다. 결국 가족들은 L씨를 모시고 정신과에 방문했다.

L씨가 치매검사를 하는 모습을 본 의사는 추가로 증상 및 행동

척도 검사를 시행했다. 면담을 마치고 검사 결과를 본 의사는 우울증으로 인한 가성치매 가능성을 설명하고, 항우울제를 처방했다. 또한 가족들에게 할머니에 대한 관심과 지지, 긍정적인 피드백, 여행 등 함께하는 활동 등도 권유했다.

치료 시작 후, L씨는 이전보다 잠도 잘 자고 표정도 밝아졌으며 멍하니 있는 시간도 줄어들었다. 가족들과 어울리는 시간이 길어지면서 말수도 늘고, 감정 표현도 예전처럼 잘하기 시작했다.

우울, 무기력, 불면 등 우울증에 해당하는 증상이 호전되자, 어느 순간부터 가족들은 할머니가 총명함도 찾았다는 느낌이 들었다. 외손자 이름을 물어보면 뭘 그런 걸 물어보냐는 듯이 잘 대답하고, 며칠 전 딸이 한 이야기도 기억하면서 이에 대해 대화하기도 했다. L씨와 정신과에 방문한 자녀들은 의사에게 할머니의 변화를 보고했다. 의사는 우울증으로 인한 가성치매 진단으로 보는 것이 합당할 것 같다며, 자녀들은 효심으로 L씨를 아파트로 모셨지만, 낯선 아파트 생활에 적응하지 못하며 우울증과 함께 가성치매 증상을 보인 것이라고 설명했다. 이 이야기를 들은 자녀들은 할머니를 다시 시골집으로 모시되 주말마다 자주 찾아가기로 했다.

몇 개월 뒤, L씨는 추적 치매검사를 했고, 약간의 건망증 증상은 있으나 아직 치매로 진단할 정도는 아니라는 의사의 이야기를 들었다. 할머니와 가족들은 안심하고 웃으며 병원을 나올 수 있었다.

왜 위의 사례에서 치매를 진단하면서 우울증을 고려했고 우울증을 치료하면서 L씨의 증상이 좋아진 것일까요? 그 이유는 일부 우울증에서 치매와 비슷한 증상을 보이기 때문입니다. 이를 가성치매Pseudodementia라고 합니다. 가성치매는 진짜 치매와는 달리 뇌세포의 노화와 사멸로 발생하는 인지 저하가 아니라, 증상만 치매와 비슷하게 보이는 상태를 말합니다. 가성치매의 가장 큰 원인이 바로 우울증으로, 가성치매라는 단어도 우울증으로 인한 인지 저하 증상을 관찰한 정신과 의사 레슬리 카일로Leslie Kiloh가 1961년 처음 사용했습니다. 주로 노인 우울증에서 자주 관찰되지만, 일반적인 우울증 환자군에서도 보입니다.

그렇다면 가성치매와 진짜 치매는 어떻게 구분할 수 있을까요? 우선, 우울증으로 인한 가성치매는 경제적 곤란이나 건강의 악화, 가족의 상실 등과 같은 스트레스 요인 이후 갑작스럽게 시작됩니다. 인지 저하의 진행 속도도 매우 빠르고, 우울, 무기력, 불안, 초조, 식욕 저하, 불면 등과 같은 증상이 인지 저하보다 먼저 발생하는 경우가 많습니다. 앞선 사례의 L씨 역시, 아파트로 이사한 후 적응하기 어려웠고, 혼자 있는 시간이 길어지면서 외로움을 많이 느꼈을 것입니다. 그러다 보니 우울증이 가성치매의 모습으로 나타난 것입니다.

가성치매 환자는 자신의 증상을 적극적으로 호소하지만, 표현하는 정도에 비해 사회생활과 대인관계 유지는 비교적 양호한 편입니다. 또, 신경인지검사나 지능검사를 하면 의욕 없이 임하는 경우가 많습니다. 검사자의 질문에 대답하기 귀찮아하고, 잘 모른다고 넘어가는 경우도 많습니다. 그럼에도 불구하고, 실제 검사 결과상에서는 주의 집중력이 보전돼 있습니다. 반면, 치매 환자들은 자신이 치매에 걸렸다는 사실을 부인하거나 감추려 합니다. 별다른 증상을 호소하지 않고, 의사의 질문에도 다 괜찮다고 대답합니다. 자신이 이상이 없다는 걸 증명하기 위해 신경인지검사를 할 때도 적극적으로 임합니다. 안타깝게도, 검사 결과상 주의 집중력의 저하가 나타나는 경우가 많습니다.

이러한 임상적 특징, 신경인지검사 상에서의 태도 및 검사 결과, 동반되는 우울증의 증상 등을 확인한 후, 정신과 전문의가 가성치매로 판단하면 항우울제 등을 투약을 포함한 우울증 치료를 진행합니다. 가성치매는 치매와는 달리 우울, 불안, 불면 등 우울증 증상이 호전되면 인지력도 가역적으로 회복됩니다. 다만 일부 인지 저하 증상의 경우 잔류증상Residual Symptom으로 남아 1년 이상 지속되기도 합니다. 반면, 치매의 경우 치료에도 불구하고 인지력의 감퇴를 늦출 수는 있으나 원래의 기능 수준으로 회복시키는 건 불가능한 비가역적인 질환입니다. 다만 치매 환자 중 우울증이 동반되는 비율도 꽤 있기 때문에, 우울증 치료를 함께하면 우울증으로 인한 기능 저하는 좋아질 수 있습니다. 즉, 원래 인지력이 100이었던 환자가 치매로 −50, 우울증으로 −30이 되어 20까지 떨어졌다면, 적어도 꾸준한 우울증 치료를 받으면 50으로 끌어올릴 수 있습니다.

우울증 치료 자체가 가성치매 환자와 치매 환자 모두에게 도움될 뿐 아니라, 치료에 대한 반응을 통해 감별 진단도 할 수 있기 때문에 반드시 우울증 치료를 받길 권합니다.

참고) 치매와 가성치매 비교

	치매	가성치매
발병 시기	불분명 (서서히 진행돼 시기를 특정하기 어려움)	대략적인 시기 추정 가능 (몇 주 전, 몇 달 전, 특정 상황 이후)
진행	서서히 진행	급격히 악화
우울증 동반	치매 시작 후 우울증 발병하는 경우가 많음	우울증 시작 후 인지 기능이 저하되는 경우가 많음.
인지기능	완만하고 지속적인 저하, 말기로 들어서면 급격히 악화	급격한 저하, 다만 증상의 기복이 있음
환자의 태도	자신의 증상을 축소 보고	자신의 증상을 과장 보고
원래의 기능 회복	불가능	가능

3장

우울에 무너지지 않기 위해

대학생 A씨는 몇 주 전부터 공부에도 집중이 잘되지 않고, 리포트 등 할 일을 자꾸 미루고 집에만 있었다. 유튜브를 찾아보니 이런 경우 우울증일 수도 있다는 이야기를 듣고 학교 커뮤니티 익명 게시판에서 추천받은 정신과 의사의 병원에 찾아갔다. 자신의 순서 뒤에 대기하는 환자들이 제법 있어 A씨는 이야기를 털어놓으면서도 눈치가 보였다. 정신과 의사는 시간은 충분하니 괜찮다고 말했지만 A씨는 서둘러 이야기를 마치고 약물을 처방받아왔다.

A씨는 약물을 며칠 복용했지만 별로 나아지는 것이 없다는 생각이 들었고, 왠지 몸에도 좋지 않은 것 같아 복용을 중단했다. 치료를 그만둔 이후에 A씨의 증상은 재차 악화됐고, 참다 못

해 결국 병원을 다시 찾았다. A씨는 이번에는 적극적으로 정신과 의사에게 지난번에 묻지 못했던 약물의 부작용과 예상되는 치료 기간과 약물치료 외에도 스스로 노력해야 할 수 있는 건 없는지 물었다. 의사는 약물에 대한 상세한 설명과 함께 직접 검색해보라며 약물 처방전을 출력해주면서 올바른 수면 습관 유지와 가벼운 운동을 권유했다. 의사와 약물에 대한 믿음이 깊어진 A씨는 그 이후에는 꾸준히 진료를 받았고, 치료받기 시작한 지 4개월부터는 복용하던 약물을 서서히 감량했다. 그리고 의사와 상의해 6개월 만에 치료를 종결했다.

스스로 치료가 필요할 정도로 심한 우울증을 겪고 있으면서도 여전히 많은 사람들이 치료를 망설입니다. 여러 가지 이유가 있지만, '정신과에 간다고 우울증이 나을까?'라는 의문이 가장 큰 이유입니다. 신체질환으로 병원에 방문해 치료받는 것과 다르게 우울증과 같은 정신과 질환에 대한 치료는 낯설게 느낍니다. 용기를 내어 정신과를 방문해도 나을 수 있다는 확신이 없어서 꾸준히 치료받는 걸 어려워하는 사람들도 많습니다.

결론부터 말하자면 우울증은 치료를 받으면 분명히 나을

수 있는 질환입니다. 많은 분이 알고 있는 약물치료와 정신 치료(상담치료) 외에도 다양한 치료들이 우울증을 극복하는 데 많은 도움을 줍니다.

병원에서 어떤 치료를 받아야 할까?

▼ 🔍

약물치료와 정신치료(상담치료)

　우울증을 치료하는 가장 대표적인 방법은 약물치료와 정신치료(상담치료)입니다. 약물치료는 표출된 증상을 신경화학적 접근을 통해 치료하는 것이고, 정신치료(상담치료)는 상담 과정을 통해 심리적인 원인이나 개인을 둘러싼 환경 등을 찾아 치료하는 것입니다. 보통은 증상이나 외적 상황, 환자의 의사 등을 고려해 치료 방법을 결정합니다.

1. 약물치료

정신과의 문턱을 넘어서기도 어렵지만 약을 먹는 것 자체
도 상당한 용기가 필요합니다. 실제로 약을 먹지 않고 정신
치료(상담치료)만 받고 싶다는 사람들도 많습니다. 하지만 단
순히 개인의 의지로 증상을 다스리면서 상담치료만으로 우
울증을 극복하는 건 쉽지 않습니다. 단기적으로는 약물치료
를 우울, 불안, 초조, 불면 등 증상을 빠르고 효과적으로 안
정시켜서 환자의 고통을 줄여준 뒤, 장기적으로는 꾸준한
상담치료 및 유지 치료를 통해 우울증 원인을 찾고 재발을
막아야 합니다.

① 우울증이 심각한 경우에만 약 처방을 할까?

정신과 의사는 진료실에 방문한 환자들이나 주변 지인들
한테 이런 질문들을 많이 받곤 합니다. 결론부터 말하자면

우울증약을 처방받았다고 해서 심각한 상황은 아닙니다. 가장 빠르게 환자에게 도움을 줄 수 있는 방법이 약물치료이기 때문에 약을 처방하는 것이 일반적입니다.

상담치료만 받은 경우와 상담과 약물치료를 함께 받은 경우를 비교했을 때 약물치료와 상담치료를 병행한 경우가 치료 효과도 빠르고 환자들의 만족도도 높습니다. 약물치료가 꺼려지는 분들도 있겠지요. 다른 예를 들어보겠습니다. 보통 다이어트를 할 때, 가장 효과적인 방법은 식단 관리와 운동을 병행하는 것입니다. 운동을 할 수 없을 정도로 몸이 다쳤다거나 단체 생활을 하면서 식단 관리가 어려운 분이라면 둘 중에 하나만 할 수밖에 없지만 가능하면 둘 다 병행하는 것이 좋은 것처럼, 상담치료와 약물치료가 우울증에 둘 다 도움이 된다면 이 또한 병행하는 것이 좋습니다.

② 약물치료는 근본적인 치료가 될 수 없다?

가정 내 갈등, 취업의 어려움, 대인관계 문제 등의 다양한 원인이 스트레스로 작용해 우울증이 발생하기도 합니다. 원인은 그대로인데 약물만 복용한다고 증상들이 좋아지는 것이 아니지 않냐고 묻거나, 근본적인 해결책이 아니라 단순히 증상만 좋아지게 하는 것이 아니냐고 물어보는 분들이 많습니다.

일상생활에서 다양한 스트레스를 받으면 감정과 행동을 조절하는 세로토닌, 도파민, 노르에피네프린 같은 신경 전달 물질들에 불균형이 옵니다. 신경 전달 물질의 불균형은 기분, 식욕, 수면 등에 부정적인 영향을 줍니다. 약물치료가 자신이 겪고 있는 다양한 정신적인 스트레스를 해결해주는 건 아니지만 우울증의 원인이라고 할 수 있는 신경 전달 물질의 불균형을 치료해준다는 점에서 근본적인 치료가 될 수 있다고 생각합니다. 예를 들어, 추운 날씨에 면역력이 떨어져 감기가 걸렸다고 생각해봅시다. '감기약을 처방받았지만 내가 감기가 걸린 원인은 추운 날씨이니 감기약은 근본적인 해결책이 아니야. 그러니 약을 먹을 필요가 없어'라고 생각하지는 않겠지요.

살다 보면 스트레스를 받을 수밖에 없고, 스트레스를 완전히 피한다는 것 역시 불가능합니다. 스트레스에 유독 취약해질 날이 있을 수도 있지요. 그러니 감기 걸렸을 때 감기

약을 먹는 것처럼 우울증 약물치료도 그와 비슷하게 생각하면 좋겠습니다.

③ 약 효과가 없다면 무엇이 문제일까?

약물을 처방하고 나서 환자의 우울증 증상이 급격하게 호전되는 경우를 제법 봅니다. 그러면 정신과 의사로서 매우 기쁩니다. 반대로 약을 써도 치료에 큰 호전이 없거나 부작용이 발생하는 경우도 있습니다. 환자마다 호전 속도에 차이가 있을지는 몰라도 사람들 대부분은 정신과 약을 복용하면 큰 부작용 없이 좋아집니다. 일부 환자들은 특정 약물에 대해 잘 반응하지 않거나 과민한 반응을 보이기도 합니다. 즉, 통상의 경우보다 약효가 적거나 부작용이 심한 경우가 있다는 말입니다. 이런 경우는 병원을 바꾸기보다는 주치의와 지속적인 상담을 통해서 나에게 맞는 약의 종류나 용량을 찾는 것이 중요합니다.

우울증 표준진료지침이 존재하고, 표준화된 의학 교육을 받았기 때문에 정신과 의사의 우울증에 대한 처방은 크게 차이나지 않습니다. 그렇기 때문에 약물치료의 효과가 기대에 미치지 못한다고 병원을 바꾸기보다는 1명의 주치의를 정해서 약물 조정을 받는 게 환자들한테는 더 좋을 수 있습니다. 주치의가 어떤 약에 반응이 없고, 어떤 부작용이 있었으며, 어떤 약에 효과가 있었는지 등 환자에 대한 정보를 많이 알수록 치료 방향을 잡을 때나 약물 조정이 필요할 때 도움이 되기 때문에 더 효과적인 치료법을 찾아낼 수 있습니다.

항우울제의 경우, 일반적으로 최소 2주, 보통 1개월 정도는 꾸준히 복용해야 효과가 나타납니다. 유지 치료 기간은 각 기관과 논문마다 차이가 있는데, WHO에서는 증상 회복 후에도 9~12개월간 투약 유지하며 의사의 주기적 진료가 필요하다고 언급하고 있습니다. 몇몇 논문이나 교과서에서는 최소 6개월 이상 약을 유지하라고 합니다. 보통 정신과 의사들은 이러한 근거에 기반해 6~12개월의 약물 복용 기간이 필요하다고 환자들에게 설명합니다. 물론, 우울증이 심하지 않고 증상 호전이 빠른 경우 그보다 조금 일찍 치료 종결을 하기도 합니다. 환자의 증상의 심각도나 치료 반응 정도에 따라 투약 기간 등이 달라질 수 있으므로 자세한 건 정신과 의사와 상담을 통해 결정하는 것이 좋습니다.

정신과 의사와의 정기적인 면담을 통해 관찰과 피드백을 받으며 정신과 약물을 꾸준히 복용한다면, 우울증의 진행과 재발 우려를 최대한 막을 수 있습니다. 이는 결국 환자의 삶의 질을, 더 나아가서는 환자와 보호자, 주변 지역 사회의 삶의 질을 높입니다.

2. 정신치료(상담치료)

요즘 정신과를 찾는 사람들 중에서 약물치료보다는 상담치료를 받고 싶다고 하는 분들이 많습니다. 정신과 의사들은 상담치료를 정신치료라는 용어로 사용하고 있습니다. 정신치료는 크게 분석치료와 지지치료, 그리고 인지행동치료로 나눠 볼 수 있습니다. 의학의 발달로 최근 약물치료가 정신과 치료의 큰 흐름으로 자리 잡고 있지만, 정신과의 뿌리와 정체성은 정신치료라 할 수 있습니다.

① 분석치료

30대 직장인 A씨는 회사에서 중요한 프로젝트를 맡으면 성과가 나오기까지 누가 시키지 않아도 야근, 주말 출근이 일상이었다. 기대했던 만큼의 성과가 없으면 심하게 스트레스를 받고 불안해했다.

A씨는 학창 시절이나 대학생 때도 좋은 성적을 받기 위해서 동아리 활동도 참여하지 않고 도서관에서 항상 공부를 했다. 명절 연휴나 휴가 때 일을 하지 않으면 상당히 불안했고 자신이 무언가 잘못하고 있다는 생각이 자꾸 들었다. 취미나 여가를 시도해봐도 도무지 집중을 하지 못했다. 약물치료 위주로 진료하는 정신과 의원에서 몇 개월간 치료를 받았지만 수면이나 기분은 다소 나아지는 듯해도 근본적인 문제가 해결되지 않는 듯한 느낌이었다. 그러던 중 정신분석적 정신치료를 권유받아서 시작했다. 처음에는 정신과 의사가 거의 말을 하지 않아서 당황스럽기도 하고 어떤 이야기를 할지 몰라서 병원에 가는 것이 부담스러웠다. 그때마다 정신과 의사는 어떤 이야기든 A씨가 원하는 이야기를 자유롭게 해도 된다며 격려를 해줬다.

A씨의 부모님은 심한 불화로 A씨가 어릴 때부터 자주 다퉜다. 그렇게 다투던 부모님들도 A씨가 학교에서 좋은 성적을 받아오는 날에는 다툼을 멈추고 A씨를 칭찬하며 온 가족이 외식을 했다. A씨는 부모님의 싸움을 멈추고 화목한 가정을 위해서는 좋은 성적을 받아야 한다는 압박감에 공부를 항상 열심히 했다. 그러나 부모님이 결국 이혼을 했고, 어린 A씨는 부모님의 이혼이 자신의 탓이라고 생각하면서 심한 죄책감에 시달렸다. A씨는 매주 2회씩 정신치료를 받은 지 1년가량이 지나자 이런 어린 시절의 경험이 현재의 자신에게 영향을 주고 있다는 사실을 깨달았다. A씨는 부모님의 이혼이 자신의 탓이라고 생각하고 있다는 걸 깨달았고, 업무에서 좋은 성과를 내지 못해도 주변에 나쁜 일이 생긴다고 불안할 필요가 없다고 생각을 바꾸기 시작했다.

많은 분들이 정신과를 떠올릴 때 나이 지긋한 의사가 펜을 들고 책상에서 환자의 이야기를 적으며, 환자는 그 앞의 편안한 소파에 누워 천장을 쳐다보며 이야기를 하는 모습을 그려본 적도 있을 겁니다. 여러분들이 생각하는 이 장면은 프로이트가 창시한 정신분석이라는 치료법입니다.

정신분석은 과거의 인물인 프로이트가 창시했지만, 구식의 치료법이 아닌 수많은 분석가들에 의해 발전되고 현재도 널리 쓰이는 치료법입니다. 환자가 자유 연상을 통해서 떠오르는 생각, 감정, 기억 등 자신의 무의식을 표현하며 자신을 알아가는 과정입니다. 분석가, 즉 정신과 의사들은 많은 이야기를 하기보다는 간단명료하게 진행을 하고 환자의 자유 연상을 도우며 중립적인 태도로 환자를 대합니다. 회기당 약 50분 정도, 최소 매주 방문을 해야 합니다. 상대적으로 비싼 치료비와 오랜 치료 기간에 비해 환자가 치료 효과를 체감하는 데 많은 시간이 걸릴 수 있습니다.

따라서 분석치료는 위와 같은 조건을 감수하고 정신치료를 지속할 수 있는 동기를 가지고 장기간의 면담에 대한 시간과 비용을 감수할 수 있는 사람, 스스로 통찰할 수 있는 지적 능력을 갖춘 사람, 수십 분의 면담 시간에 집중력을 유지할 수 있는 환자들에게 가능합니다. 단순히 증상 완화가 목표가 아니라 환자가 힘들어하는 원인을 과거 트라우마나 가족 관계에서 스스로 찾고, 경험이나 성격, 생각, 대인관계에 끼치고 있는 영향을 깨닫게 하면서 근본적인 문제를 해결할 수 있도록 돕습니다.

② 지지치료

40대 주부 B씨는 출산 후 발생한 심한 우울감과 불면증으로
병원을 방문했다. 육아 스트레스와 경력 단절에 대한 불안감
도 심했다. B씨는 점차 예민해져서 사소한 일에 짜증을 내고
화를 내서 남편과의 관계도 점점 나빠지기 시작했다. B씨를 가
장 괴롭힌 생각은 아이가 태어나서 엄마로서 행복해야 하는데
그러지 못하고 우울감을 느끼는 자신이 엄마로서 자격이 없다
는 죄책감이었다. B씨는 그런 죄책감 때문에 가족들에게 육아에
대한 힘듦을 표현하지 못한 채 혼자서 감당하고 있었다.

정신과 의사는 육아를 하면서 받을 수 있는 스트레스에 대해
서 충분히 공감해줬고 아이를 키우면서 우울감이나 불안감 등
의 부정적인 감정을 느끼는 것이 전혀 이상하지 않다고 설명
을 해줬다. 그리고 육아 부담을 덜기 위해서 가족들에게 상황
을 충분히 설명하고 도움을 요청할 수 있도록 환자를 격려했
다. 복용하고 있는 약물에 대해서 자세한 설명도 들었고 궁금
한 건 되묻기도 했다.

B씨는 1주일간 자신이 힘들었던 이야기를 털어놓기 위해 병원
을 방문하는 날을 기다렸다. 병원에 있는 시간이 참으로 편안

하고 안전하다고 느꼈다. B씨가 남편에게 자신의 상황을 솔직하게 털어놓자 남편이 전에 비해서 적극적으로 육아에 참여하기 시작했다. B씨는 우울감, 불면 양상이 눈에 띄게 좋아져서 육아 휴직 이후 복직에 대한 자신감도 생겨났고, 정신과 의사와 상의하에 5개월 만에 치료를 종결했다.

치료 비용이나 기간을 생각하면 환자 입장에서도 분석치료를 받는 것에 부담을 가질 수 있습니다. 그러나 분석치료는 정신과 의사 입장에서도 일반적인 면담 치료보다 많은 준비와 기술, 시간이 필요한 치료법입니다. 그러다 보니 실제 임상 현장에서는 주로 '지지치료'가 이뤄지고 있습니다. 지지치료는 상당히 광범위하고, 형식과 시간에 크게 구애받지 않으며, 적용 대상의 범위가 넓어서 임상적으로 가장 널리 쓰이고 있습니다. 정신과 의사는 정신분석과 비교해서 더 적극적으로 치료를 주도하고 환자의 무의식적인 갈등이나 고민보다는 환자가 힘들어하는 현실적인 문제에 초점을 맞추며 증상을 빨리 완화시키고 환자가 일상생활에 빠르게 복귀할 수 있도록 돕습니다.

우리나라의 의료제도는 한정된 시간 안에 많은 환자를 봐야 하는 구조이며, 환자 역시 긴 대기 시간에 대한 거부감이 있어 빠른 진료를 원하는 경우가 많습니다. 그 결과 일반적인 정신과 병원에서는 상대적으로 짧은 시간 내에 빠른 효과를 볼 수 있는 지지치료를 사용하고 있습니다. 세계적으로도 한정된 의료 자원을 효과적으로 사용하려는 경향을 보여 지지치료는 다른 나라에서도 가장 널리 쓰이는 정신치료 기법이기도 합니다.[6]

③ 인지행동치료

물컵에 물이 반 정도 차 있을 때 어떤 사람들은 물이 반이나 남아 있다고 생각하고 어떤 사람들은 물이 반 밖에 남아 있지 않다고 생각하고 걱정을 할 수 있습니다. 같은 상황을 한 사람은 긍정적으로, 다른 사람은 부정적으로 생각하는데, 우울증을 오랜 기간 앓다 보면 자신도 모르게 모든 상황을 부정적이고 비관적으로 해석할 수 있습니다. 이를 정신과에서는 인지 왜곡이라고 합니다. 인지 왜곡이 생기면 별뜻 없는 타인의 말을 부정적으로 해석해 쉽게 우울해지기도 하고, 그럴 만한 상황이 아닌데도 크게 걱정하고 낙담하는 경우가 많습니다. 이런 인지 왜곡을 바로 잡는 치료를 인지행동치료라고 합니다. 자신도 모르는 왜곡된 사고를 찾고 이를 올바르게 교정할 수 있도록 훈련을 합니다. 인지행동치료는 복잡하지 않고 논리적이고 환자들이 자기 일상에 직접 적용시켜볼 수 있고 자신의 치료에 보다 적극적으로 참여할 수 있다는 점에서 큰 장점이 있습니다.

· · ❁ · ·

정신과에 가도 상담이 짧고 약만 처방해준다는 인식이 있습니다. 그러나 최근에 정신과를 찾는 환자들이나 의사 모두 여유 있는 면담을 원하는 경우가 많고, 정부 역시 이러한 방향으로 의료제도에 변화를 주고 있어 짧은 면담과 약물 처방 위주의 진료 형태도 바뀌고 있습니다. 아예 예약 시간을 정해놓고 최소 20~30분의 상담 시간을 갖고 주기적이고 깊이 있는 면담을 하는 정신과 병원들도 크게 늘고 있습니다. 분석치료나 인지행동치료를 전문적으로 하는 병원들도 있습니다.

정신과에 방문해 주치의와의 상담을 통해 나와 맞는 치료를 상의하고, 어떤 상담치료를 선택하든 꾸준한 치료가 필요합니다. 정신과에 방문하면 1~2회의 상담치료만으로 그동안 힘들었던 것이 한 번에 호전될 것이라 생각하는 분들이 많지만, 정신치료나 인지행동치료 모두 인내심을 갖는 것이 중요합니다. 특히 환자가 정신적으로 힘든 기간이 오래됐을수록 치료 기간도 길어질 수 있습니다.

증상에 따라 치료도 다양하게

주목해야 하는 치료법

정신과 치료의 핵심적인 두 축은 약물치료와 정신치료입니다만, 그 외에도 환자의 증상과 진단에 따라 적용되는 다양한 치료법들도 존재합니다. 환자의 증상의 따라 환자군에 따라서 다양한 치료를 시도해볼 수 있습니다. 대중적으로 많이 알려져 있지는 않지만 중요한 치료법으로 고려할 수 있는 치료들을 소개합니다.

1. 광치료

광치료^{Light Therapy}는 1980년대부터 계절성 우울증의 치료에 효과가 있음이 밝혀진 치료법입니다. 최근에는 주요 우울장애나 조울증, 산후 우울증 등에도 치료 효과가 증명된 논문들이 나오면서 점차 그 범위를 넓혀가고 있는 치료법입니다. 해외 출장이 잦거나 교대 근무를 하는 경우 수면 주기를 정상화하는 데도 도움이 됩니다. 치료 매커니즘은 아직 정확히 알려지지는 않았지만, 시신경교차상핵^{Suprachiasmatic Nucleus}의 기능 이상으로 기분, 수면, 생체 리듬의 문제가 발생하는데, 광치료를 통해 이 기능을 활성화하고 생체 리듬의 정상화를 유도해 치료 효과를 가져온다는 가설이 있습니다.

광치료는 1만 럭스 이상의 강한 광선을 20~30분가량 40~60센티미터 정도 떨어져서 쐬어주는 방법입니다. 눈을 보호하기 위해 옆이나 위에서 비춰야 합니다. 매일 규칙적으로 일정한 시간에 시행하는 것이 좋고, 특히 아침 일찍 시행하는 것이 좋습니다. 대학병원 전공의로 근무할 때 새벽 일찍 일어나서 곤히 자는 환자를 깨워 광치료실로 안내했던 기억이 납니다. 치료를 진행하면서 환자들이 엄청난 변화는 아니지만 기분이 아주 조금은 나아지는 것 같고 몸이 덜 무겁다고 이야기하는 경우가 더러 있었습니다. 치료 중에 책을 읽거나 음악을 듣는 등 다른 일을 할 수 있기 때문에 가정에서 기기를 구입해 치료할 수도 있습니다. 물론 눈을 보호하기 위해 자외선을 차단하는 특수 전구를 사용해야 합니다.

2. 경두개자기자극치료

최근 널리 쓰이고 있는 경두개자기자극치료repetitive Transcranial Magnetic Stimulation, rTMS는 자기장을 발생시켜 두개골 밑의 뇌세포를 반복적으로 자극해 우울증을 치료하는 방법으로, 미국(2008년), 한국(2013년), 일본(2017년) 등 여러 나라에서 인증을 받은 치료법입니다. 우울증 환자들은 공통적으로 좌측 전두엽 기능 저하가 관찰되는데, 자기장을 통해서 좌측 전두엽을 자극해서 전두엽 기능을 향상시키는 치료입니다. 의자에 앉아서 머리에 코일을 위치한 뒤, 짧게는 3분에서 길게는 40분간 프로토콜에 맞춰 자기장 자극을 줍니다. 환자는 치료가 끝날 때까지 편하게 누워 있으면 됩니다. 치료자에 따라 차이는 있으나, 1주일 중 5회 이상, 4~6주간 시행하는 것이 일반적입니다. 부작용이 거의 없고, 임산부와 같이 약물치료가 어려운 분들에게 적합한 치료법이어서 최근 널리 쓰이고 있습니다. 국내 및 해외 의료기기 업체가 생산한 다양한 rTMS 기계가 있고, 기계에 따라서 1회 받는 가격 차이가 있습니다. 치료를 종결해도 수개월 이상 치료 효과가 유지됩니다. rTMS는 2가지 이상의 항우울약을 써도 치료 효과가 크지 않은 경우에는 별다른 준비 없이 외래에서 시도해볼 수 있으니 고려를 할 만합니다. 실제로 대학병원을 포함해 개인 병원에서도 rTMS를 많이 시행하고 있고, rTMS만 전문적으로 치료를 하는 클리닉도 있습니다.

3. 전기경련치료

전기경련치료Electro Convulsive Therapy, ECT는 영화나 드라마 등에

서 부정적으로 묘사되면서 많은 사람들에게 고문처럼 여겨지고 있는 치료법입니다. 그러나 실제로는 매우 안전하며, 약물로 치료하기 어려운 난치성 우울증이나 심각한 자살 사고를 가지고 있는 분들에게 효과가 큽니다. 약물을 사용하기 어려운 임산부에게도 사용할 수 있을 정도로 안전합니다. 과거와 달리 마취통증의학과 의사와의 협진을 통해 마취하에 진행되기 때문에, 대학병원이나 일부 정신과 전문병원에서 주로 시행되고 있습니다.

대개는 양쪽 관자놀이에 전극을 설치하고 순간적으로 강한 직류 전류를 흘려 넣어서 일시적인 경련을 유발하는 것이 치료의 핵심입니다. 환자가 경련으로 인한 고통을 느끼게 하지 않기 위해 마취통증의학과 의사가 수면 마취를 시행하고 진행합니다. 수면 내시경과 비슷하다고 생각하시면 됩니다. 치료가 끝난 뒤에 환자는 ECT를 받았다는 기억조차도 하지 못합니다. 치료 후 두통과 치료 전후 수분~수시간의 기억 상실을 호소하는 경우가 있으나, 오래 지속되지 않고 최대 6개월 이내면 회복됩니다. 마취 시작부터 마취에서 완전히 깨는 시간이 보통 30분~1시간 정도 소요됩니다. 입원한 상태에서 치료를 받는 것이 보통이지만, 입원하지 않고 1주일에 2~3회 통원 치료를 받는 병원도 있습니다. 입원하지 않고 외래에서 치료받는 경우 1주일에 2~3회 병원에 방문해서 3~4주동안 총 6~12회의 치료를 받으며, 많으면 20회까지도 치료를 합니다.

우리가 흔히 생각하는 이미지와는 달리 ECT는 매우 안전하며 치료 만족도도 높은 편입니다. 보통 ECT는 급성 증상 치료하는 데 사용하지만, 환자의 증상이 약물치료에 반응이 적고 전기치료에만 반응하는 경우에는 한 달에 1~2회씩 유지 치료로 사용하기도 합니다.

4. 에스케타민

에스케타민Esketamine은 약물치료로 분류가 될 수도 있지만 경구로 복용하는 약이 아닌 코에 뿌리는 분무 형태의 새로운 우울증 치료제입니다. 최소 2개 이상의 다른 경구 항우울제에 적절히 반응하지 않는 우울증이나 자살 생각 또는 행동이 있는 우울증을 치료할 때 쓰입니다. 에스케타민은 전신 마취약으로 쓰이는 케타민Ketamine을 이용해서 만든 약물로 기존 케타민 성분의 우울증 치료 효과를 높이고 부작용을 낮췄습니다. 케타민이라고 하면 많은 사람들이 "마약 아니야?"라고 물어봅니다. 물론 케타민은 마약성 진통 및 마취제로 사용되고 있습니다. 약물치료로도 호전이 되지 않는 심한 우울감을 호소하는 환자들에게 케타민을 정맥 주사로 치료하면 호전된다는 연구결과들이 많이 보고됐습니다. 그동안 마약성 약물인 케타민은 정맥 주사로 투여해야 한다는 어려움 때문에 널리 쓰이지 않았고, 그래서 정식 치료 약물로 인정을 받지는 못했습니다. 그런데 케타민 성분 중에 일부를 추출해 에스케타민이라는 약물을 만들어서 기존의 혈관 투여가 아닌 안전하고 간편하게 코에 분무하는 형태로 제작했습니다.

보통 첫째 달은 1주일에 2번, 둘째 달은 1주일에 1번, 셋째 달은 2주일에 1번씩 투여합니다. 아직 건강보험 적용이 되지 않는 비급여 치료 약물이라 한 번에 수십만 원의 비용을 환자가 100퍼센트 부담해야 된다는 점과 어지러움, 졸림, 환각 등의 부작용이 발생할 수 있어 투여 후 병원에서 2시간 정도 대기 후 귀가를 해야 한다는 점 때문에 치료를 권유받아도 망설이는 분들이 많습니다. 그러나 생각보다 부작용은 경미한 편이며, 투여할수록 부작용은 사라집니다. 오랜 기간 우울증을 앓고 힘들어하는 분들 중 에스케타민 치료를 받은 사람들은 이렇게 마음이 편안했던 적이 없었다고 말하곤 합니다. 빠른 시일 내에 건강보험 적용이 됐으면 좋겠습니다.

5. 입원치료

정신과 입원에 대한 많은 선입견과 공포가 상당히 심합니다. 그러나 정신과에서 입원을 권유하는 건 단순히 환자를 가두어 사회로부터 격리시키거나 벌을 주기 위함이 아닙니다. 환자를 외적 스트레스로부터 보호하고, 입원 병동 내에서 주치의(대학병원의 경우 담당 교수와 담당 전공의), 정신보건전문간호사, 임상심리사, 사회복지사 등이 환자를 면밀하게 진단하고, 효율적이고 안정적인 치료를 하기 위해서 입원을 하는 것입니다. 정신과 외 다른 과에 입원하는 경우를 생각해보면 쉽게 이해가 됩니다. 당장 수술 또는 처치가 필요하거나, 고혈압 또는 당뇨 질환이 있는 환자의 혈압과 혈당이 조절이 안 될 때 약물 조정을 위해서 입원을 하기도 합니다. 원인 모를 열이나 암 정밀 검사를 위해서 진단적인 목적으로 입원을 하기도 합니다.

환자가 심한 우울증인 경우 현실 판단력이 떨어지고 심각한 자살, 자해 사고가 있을 때 입원을 시행합니다. 정신과에서는 위급한 상황으로 판단합니다. 환자 스스로도 자신의 행동이나 감정 조절이 잘 안 되고 보호자들도 24시간 환자를 관찰할 수는 없습니다. 더군다나 우울증에 가장 많이 사용되는 약물 및 상담치료가 효과를 보기까지는 어느 정도 시간이 소요되기 때문에 외래 치료만으로는 부족하고 보호병동 입원이 필요합니다. 입원을 하면 약물 조정도 매일 환자의 상태를 살펴보며 할 수 있고 증상이 더 나빠지는 걸 치료진이 확인하며 발생할 수 있는 다양한 문제에 대처할 수 있습니다. 또한 외부의 급성 스트레스로부터 환자를 보호할 수도 있습니다. 실제로 입원한 분들과 면담을 진행하면 처음에는 보호병동에 입원한 걸 답답해하다가 복잡한 생각을 하지 않게 돼서 그것만으로도 기분이 나아지고, 바깥의 스트레스로부터 멀어질 수 있어서 이제야 조금 편안하다고 이야기를 하는 분들이 많습니다. 추후 환자의 증상이 회복되고, 외부적 스트레스 요인과 맞설 수 있는 에너지와 용기가 생길 때 퇴원을 고려하거나 외출, 외박 등을 통해 일상생활에 적응할 수 있도록 입원 중에 점진적으로 준비할 수 있습니다.

환자의 명확한 진단적 평가를 위해 입원을 하기도 합니다. 환자가 겪는 정신과 질환의 심각도, 증상, 환자의 일상 능력에 미치는 영향 등을 자세히 진단하기 위해서나 증상이 모호해 진단이 어려운 경우에도 입원을 권유하기도 합니다. 입원 환경에서는 정신과 전문의와의 면담 및 투약 반응에 대한 평가, 증상 관찰이 용이하고 임상심리사와의 면담 및 심리검사, 사회복지사가 이끄는 프로그램의 참여를 통한 환자 관찰 및 평가, 정신보건전문간호사 및 보호사들의 병동 생활 관찰 등을 통해 환자에 대한 다양한 정보를 얻을 수 있습니다. 여러 정보를 종합해 정신과 전문의는 환자를 진단합니다. 법원에서 요구하는 신체 감정이나 병무청 등에서 요구하는 병무용 진단서 작성을 위한 입원도 이에 해당됩니다.

정신과 치료 원칙은 환자의 현재 일상을 유지하면서 진료하는 것입니다. 직장생활이나 학교생활을 유지하면서 치료를 하는 것이 가장 좋으며 의사도 입원에 대한 불편감을 알기 때문에 정말 필요할 때만 입원치료를 권유합니다. 정신과 전문의가 입원치료를 권유할 때는 집중 치료 및 진단을 위해서 적극적으로 생각을 해보면 좋겠습니다.

· · ❋ · ·

약물 및 상담치료 외에도 이처럼 다양한 정신과 치료 방법이 있습니다. 과거에는 우울증을 다양한 스트레스로 인한 마음의 병이라고 생각하고 심리적인 측면으로 접근했습니다. 그러나 의학이 발달하면서 우울증을 유발하는 신경화학적 원인들이 밝혀지면서 다양하고 과학적인 치료 방법들이 나왔고 수많은 환자의 증상 호전에 도움을 줬습니다. 정신과도 다른 과처럼 과학적인 치료를 통해서 환자들을 치료한다는 사실을 전하고 싶습니다. 환자의 증상과 질환에 따라여러 가지 치료를 고려해볼 수 있습니다. 그러니 약물이나 상담치료의 효과가 부족하다고 하더라도 포기하지 말고 꼭 담당 의사와 상담을 나눠보길 희망합니다.

일상에서의 소소한 노력들이 모인다면

스스로 우울증 극복하는 법

우울증 치료를 위해 병원에 오는 많은 분들이 치료 이외에 우울증 극복을 위해 본인이 할 수 있는 것이 없는지 질문을 합니다. 앞에서도 말했다시피 우울감과 달리 우울증은 전문가의 도움을 받는 것이 중요합니다. 기본적으로 받는 치료와 더불어 일상생활에서 우울증 극복을 위해 스스로 해볼 수 있는 방법을 소개합니다.

1. 수면

20대 대학생 A씨는 코로나로 인한 비대면 수업 증가로 고립감이 늘면서 일상에서의 흥미 저하, 심한 무기력감으로 병원에 방문했다. 외출할 일이 줄어들어 생활이 불규칙해지면서 낮밤이 바뀌었고 오후에 일어나면 스스로 한심하다는 생각이 들면서 해야 하는 일도 자꾸 미루는 습관이 생겼다. 정신과 의사의 권유로 A씨는 수면 패턴을 맞추려고 노력했다.

수면제를 복용하면서 잠드는 시간은 조금 빨라졌으나 아침에 일정한 시간에 기상하는 것이 굉장히 어려웠다. 그래도 1주일에 한두 번이라도 스스로 정한 시간에 일어나는 날은 기분이 왠지 모르게 좋았고 그동안 밀렸던 집 안 청소나 리포트 등도 오전에 시작했다. 수면 패턴이 점점 규칙적으로 되면서 스스로 현재 상황을 통제하고 있다는 생각에 무기력감도 좋아져서 전보다 이것저것 계획을 세우면서 일상생활에 즐거움을 느끼기 시작했다.

우선 정신건강도 신체건강과 같이 기본부터 지키는 것이 중요합니다. 잘 먹고 잘 자고, 충분한 휴식과 운동과 같이 규칙적인 일상을 영위하는 것이 정신건강을 건강하게 유지하는 데 도움이 됩니다. 수면과 식욕은 환자들을 진료할 때마다 정신과 의사들이 질문하는 중요한 정신건강 지표들입니다. 부족한 수면 시간은 업무 집중력과 효율을 떨어뜨리고 기분에도 부정적인 영향을 미칩니다. 편안하고 안정된 수면은 우리 몸을 긴장시키고 피로하게 하는 신경계를 안정시키고 뇌 기능을 회복하는 데 도움이 됩니다. 업무가 많거나 바쁠 때 우리는 일을 다 마치고 시간이 남으면 휴식을 하거나 식사를 하겠다는 생각을 합니다. 업무가 길어질 것으로 예상이 된다면 중간에 휴식 시간을 먼저 확보하고 일을 진행하는 것이 정신건강에 도움이 됩니다. 일정한 시간에 잠이 들고 일정한 시간에 기상하는 습관만으로도 기분이 나아지고 의욕이 생겼다는 환자들도 정말 많이 봤습니다. 저희도 마음 컨디션이 좋지 않을수록 자정 이전에 잠을 자려고 노력을 합니다. 수면은 뇌 기능의 회복에 중요한 역할을 하기 때문에 건강하게 수면을 취하는 건 우울증 회복에도 큰 도움이 됩니다.

2. 운동

30대 회사원 B씨는 주변 지인들에게 운동 전도사로 불린다.
운동을 시작한 후로 우울증도 극복하고 삶의 즐거움을 느껴
지인들에게 항상 운동을 권유하면서 다니고 있다. B씨는 사소
한 고민이나 걱정이 꼬리에 꼬리를 물면서 우울감을 느낄 때
가 많았는데, 운동을 시작하면서부터는 적어도 운동하는 동안
에는 그런 생각들을 하지 않아서 전보다 우울감을 느낄 때가
적어졌다. 운동을 꾸준히 하니 잠드는 시간도 빨라졌고 아침
에 일어났을 때 개운하다고 느꼈다. 퇴근하고 집에서 누워 있
는 시간이 많았는데 퇴근 후 정기적인 일정이 생기면서 활기
차졌다는 생각도 들었다. 운동을 하면서 건강이 좋아지는 느
낌도 들고 처음에는 버거웠던 운동량도 이제는 가뿐하게 소화
하는 자신의 모습을 보면서 자신감도 생기고, 주변에서도 표
정이 좋아졌다는 이야기도 많이 듣게 됐다.

적정량의 운동을 하는 것이 우울증 치료에 도움이 된다는
사실은 수많은 연구를 통해서 입증되었습니다. 유산소 운동
에 관한 연구들이 많지만 유산소 운동뿐만 아니라 근력 운

동, 스트레칭 같은 운동들도 도움이 되는 것으로 알려져 있습니다. 많은 분이 운동을 권하면 거창하게 생각하는 경우가 많은데, 땀이 살짝 배어 나올 정도로 빠르게 걷는 정도만 해도 됩니다. 운동할 시간을 따로 내기 힘들다면 엘리베이터 대신 계단을 이용하거나 등하교나 출퇴근 시에 도보를 이용하는 등 일상생활 중에 운동하는 것도 좋습니다. 무엇보다 중요한 건 운동의 강도가 강하거나 운동 시간이 길지 않더라도 정기적이고 꾸준한 운동이 우울증 회복과 자존감을 높이는 데 도움이 된다는 사실입니다.

3. 식습관

규칙적이고 건강한 식습관을 실천하는 것만으로 우울증 회복에 도움이 될 수 있습니다. 우울증 치료뿐만 아니라 예방에도 도움되는 식단으로 알려진 건 지중해식 식단입니다. 지중해식 식단은 키프로스, 크로아티아, 스페인, 그리스, 이탈리아, 모로코, 포르투갈 등 지중해 연안 국가의 신선한 채소와 과일, 저지방 유제품, 생선, 요거트 등으로 구성된 식단입니다. 이런 지중해식 식단은 우리 몸의 여러 가지 염증 물질을 감소시키고 신경 전달 물질을 활성화시켜서 우울증을 회복시킨다고 알려져 있습니다. 또한 산후 우울증에도 도움이 된다는 연구 결과도 많습니다.

지중해식 식단으로 식습관을 바꾸기 위해서는 탄수화물은 완전히 도정된 쌀보다는 도정되지 않아서 파이토케미칼, 식이 섬유가 풍부한 현미, 보리, 귀리 등의 통곡류로 대체하고 보통 식빵 대신 호밀빵 종류를 먹는 것이 좋습니다. 단백질은 소, 돼지 등의 적색육은 한 달에 3~4회 이하로 줄이고 대신 생선류로 주 2회 이상 섭취를 하는 것이 좋습니다. 버터 대신 올리브유나 카놀라유 등과 같은 식물성 기름을 사용하고 지중해식 식단을 통해 풍부한 오메가3를 섭취하면 좋습니다. 채소, 과일 등을 많이 먹으면서 3대 영양소 탄수화물 50퍼센트, 단백질 20퍼센트, 지방 30퍼센트 비중으로 식단을 구성해보면 좋습니다.

사실 지중해 연안 국가의 식단을 문화나 식습관이 다른 우리나라에서 실천해본다는 건 쉽지 않은 일입니다. 요즘은 우리나라 사람들에게 맞는 한국식 지중해식 식단을 전문적으로 만드는 업체도 있으니 식단이 어떻게 구성되는지 궁금하다면 체험을 해보는 것도 좋을 듯합니다.

4. 감정 일기

사건 오늘 아침 회사에 지각을 해서 부장님한테 잔소리를 들었다.

감정 하루 종일 화가 났다.

생각 잔소리를 들어서 화가 났다기보다는 요즘 들어 제대로 하는 게 하나도 없는 나에게 화가 난 것 같다.

사회생활을 하면서 억누르고 무시한 내 감정을 여유를 가지고 차분히 들여다보는 것도 중요합니다. 내가 지금 어떤 감정인지를 알아야 내가 어떤 일을 좋아하고 싫어하는지 어떤 사람을 좋아하고 또는 불편해하는지 알 수 있습니다. 내가 행동하고 앞으로 나아가는 방향을 정하는 데 있어 감정이 중요한 역할을 합니다. 부정적이고 불편한 감정을 애써 외면하기보다는 내 진짜 감정을 바라보고 적절하게 표현하는 것이 건강하게 살 수 있게 합니다.

정리하지 못한 옷들로 방 안이 엉망인 경험을 다들 한 번씩은 해봤을 겁니다. 수북이 쌓인 옷들을 차곡차곡 정리해서 양말은 양말대로, 바지는 바지대로, 속옷은 속옷대로 정리해야 하는데, 지금은 너무 힘들고 지쳐서 내가 생활하기 위해 일단 옷장에 한꺼번에 옷들을 넣어둡니다. 그 이후에도 새로운 옷들을 계속 옷장에만 넣어두다가 어느 순간 옷장 문이 열리면서 정리되지 않은 옷들이 쏟아져 나와서 내 방을 온통 뒤덮고 내 생활을 방해합니다. 내 감정들을 정리하지 않고 억압하고 쌓아두기만 하면 그 순간은 잘 넘길 수 있겠지만 이는 임시방편일 뿐입니다. 옷장 문을 밀어서 쏟아지는 옷가지들처럼 내 부정적인 감정들이 쏟아져 나와서 나를 휘감을 수도 있습니다. 수북이 쌓인 감정들을 보면 한숨이 나오고 압도될 수 있겠지만 자세히 들여다보고 마음의 옷장에 미리 차곡차곡 정리하다 보면 이전보다 훨씬 안정적으로 생활할 수 있습니다.

오늘 하루 있었던 일과 그에 대한 감정들을 기록하는 감정 일기를 쓰는 것이 내 감정을 객관화해볼 수 있도록 도움을 줍니다. 이렇게 정리된 내 일상과 감정들을 가족이나 친구들과 나누고 서로 소통하며 공감하는 건 심리적 안녕감에 긍정적인 영향을 줄 수 있습니다.

   · · ✳ · ·

우울증을 앓게 되면 내 생활에 변화가 생기게 됩니다. 수면 리듬이 깨지고 활동량이 적어지고 집에서 지내는 모습들도 늘어납니다. 식습관도 불규칙하고 스트레스를 풀기 위해서 폭식을 하거나 배달 음식, 야식 등을 먹는 경우가 많습니다. 이런 일상생활의 변화는 스스로를 더 자책하게 만들고 우울증을 더 심하게 만듭니다. 상호 간에 악영향을 주고받기 때문에 수면이나 운동, 식습관을 변화시키는 것만으로도 우울증 극복에 큰 도움이 될 수 있습니다. 우울증은 무기력감, 피로감, 집중력 저하 등의 증상을 일으켜서 이런 변화를 가져오기가 절대 쉽진 않겠지만, 작은 변화라도 꾸준히 유지할 수 있다면 기분 증상은 지속해서 호전이 될 것입니다.

정신과 의사로 일한 지 10년이 넘다 보니 주변에 우울한 친구나 가족이 있는데 어떻게 해줘야 할지 무슨 말을 해줘야 할지 모르겠다고 질문받는 경우가 많습니다. 주변에서 보고 있으면 너무 안타까운 마음이 들어 이러한 질문을 하는 것이겠지요.

　　사실 우울증이 있는 사람한테는 해주는 말보다 하지 않아야 되는 말이 더 많습니다. 병원에 오는 우울증 환자들을 진료하다 보면 우울한 사실을 가족이나 친구한테 털어놓았을 때 위로나 격려를 받았다기보다는 상처를 받았다는 분들이 훨씬 많습니다. 그런 경우를 이야기를 듣다 보면 일부러 상처를 주는 의도라기보다는 우울증이라는 질환에 대한 이해도가 부족해서 생기는 경우가 많습니다.

앞에서도 이야기했다시피 우울증은 스트레스와 신경 전달 물질 등의 교란과 같은 신경화학적 원인으로 발생하는 질환입니다. 우울증은 마음의 병이라기보다는 뇌의 질환이라고 하는 것이 더 적합하다고 생각이 듭니다. 스스로 콧물이나 기침을 조절하지 못하는 감기 환자처럼, 스스로 혈압이나 혈당을 조절하지 못하는 고혈압, 당뇨 환자들처럼 우울증 환자들은 스스로 무기력감이나 의욕 저하를 조절할 수 없는 상황입니다.

이런 환자들에게 "마음이 약해서 생기는 병이다", "의지를 가지고 극복을 하려고 한다면 좋아질 것이다"라고 이야기를 하면 오히려 환자에게는 큰 상처가 될 수 있습니다. 우울증 환자 본인이야말로 그 누구보다 자신이 회복되기를 바랍니다. 이런 것들이 마음대로 되지 않으니 병원에 방문해서 전문가를 만나 우울증 진단을 받고 치료를 받는 것이지요. 우울한 사람을 위로하기 위해 자기의 우울했던 경험을 이야기하면서 공감대를 형성하려고 하는 것도 자칫하면 '너만 힘든 것이 아니다'라는 무언의 메시지로 들릴 수 있습니다. 상대방이 너무 힘들어하니 다른 주제로 화제를 돌리려고 하는 행동 역시 자신의 얘기를 진지하게 들어주지 않는다고 오해를 할 수도 있습니다.

그러면 우울증 환자를 어떻게 대해야 할까요? 우울증 환자들은 평상시보다 많이 예민해져 있고, 모든 상황을 부정적으로 해석하려는 경향이 강합니다. 그런 의도가 아님에도 주변 사람들의 말을 본인을 무시하거나 공격하는 것으로 받아들일 수도 있습니다. 이런 모습은 여러 가지 우울증 증상 중에 하나라고 볼 수 있습니다. 실제로 정신과 의사도 우울증 환자에게 말을 건넬 때 많은 생각을 하고 부정적으로 해석이 될 만한 단어들을 사용하지 않고 중립적인 표현을 하려고 많은 노력을 합니다만, 그럼에도 불구하고 정신과 의사의 말에 상처를 받는 경우들이 있습니다.

우울한 환자들에게 무언가 도움이 되고 싶다면 말을 하기보다는 옆에서 환자들의 이야기를 들어주는 것이 훨씬 효과적입니다. 우울한 상황에 빠진 사람을 보면서 안타까운 마음, 때로는 답답한 마음에 조언을 건네고 싶겠지만 하고 싶은 말을 참고 될 수 있으면 이야기를 많이 들어주고 힘든 감정에 공감해주는 것만으로도 충분합니다. 환자가 좋아지려면 옆에서 무언가를 해주려고 억지로 노력하기보다는 같이 있어주는 것만으로도 환자한테는 큰 위로가 됩니다. 만약 우울증에 빠진 사람이 혼자 있고 싶어 한다면 억지로 함께 있으려고 하기보다는 힘들 때는 언제든 연락하라고 해준다거나 함께 있고 싶으면 가겠다고 말해보세요. 이런 행동들을 사회적 지지Social Support라고 하는데, 우울증 환자들의 치료와 회복에 많은 도움이 됩니다.

우울증으로 힘들어서 병원에 오는 환자들을 보면 가족에게 비밀로 하고 방문하는 경우가 많습니다. 정신과 질환에 대한 편견이 심한 우리나라에서 정신과를 방문한다는 건 엄청난 용기가 필요한 일이겠지요. 치료나 약물치료에 대한 주변의 섣부른 이야기가 환자의 치료 시기를 놓치게 만들 수도 있습니다. 환자의 치료 결정을 지지해주고 응원해주길 바랍니다. 우울증 환자들을 진료하다 보면 환자가 표정이 밝아져서 진료실에 들어오는 경우가 간혹 있습니다. 이유를 물어보면 가족이나 친구들에게서 "요즘 표정이 밝아졌다", "무슨 좋은 일이 있냐"라는 말을 들어서 기분이 좋다고 이야기합니다. 이처럼 환자가 치료를 받으면서 좋아진 모습들을 보인다면 환자에게 말해주세요. 그러면 환자의 치료 동기가 더욱 높아질 수 있습니다.

증상이나 환자에 따라 다르지만 우울증 치료로 제일 많이 쓰이는 약물과 면담 치료는 효과를 보려면 최소 몇 주가 소요됩니다. 치료받는 환자보다 주변 사람들이 오히려 조급해하거나 힘들어하면 환자들은 불안해하고 자책하기도 합니다. 사랑하는 사람이 힘들고 괴로워하는 걸 지켜보는 것이 힘들더라도 인내를 가지고 지지를 해주길 바랍니다.

우울증의 증상은 굉장히 다양하며, 다 같은 우울증이 아니라 우울증에도 종류가 있습니다. 또한 우울증은 심리적·환경적인 원인 때문에만 생기는 것이 아니라 다양한 신경화학적 원인 때문에도 발생합니다. 흔히 알고 있는 약물과 상담치료를 포함해 증상에 따라서 여러 과학적인 치료들이 실제로 많이 사용되고 있습니다. 과거처럼 '우울증은 낫지 않는 병이다', '치료가 소용이 없다'라는 편견을 버리고, 전문가들의 처방과 더불어서 주변의 도움과 지지를 받으며 스스로의 노력으로까지 이어간다면 우울증은 분명 극복할 수 있습니다.

참고 문헌

1. Ettman, C. K., Abdalla, S. M., Cohen, G. H., Sampson, L., Vivier, P. M., & Galea, S.(2020). Prevalence of depression symptoms in US adults before and during the COVID-19 pandemic. JAMA Netw Open. 2020; 3(9): e2019686.

2. Hemminki, K., Sundquist, J., & Bermejo, J. L.(2008). How common is familial cancer?. Annals of Oncology, 19(1), 163-167.

3. Sullivan, P. F., Neale, M. C., & Kendler, K. S.(2000). Genetic epidemiology of major depression: review and meta-analysis. American journal of psychiatry, 157(10), 1552-1562.

4. Kendler, K. S., Gatz, M., Gardner, C. O., & Pedersen, N. L.(2006). A Swedish national twin study of lifetime major depression. American Journal of Psychiatry, 163(1), 109-114.

5. Janowsky, D. S., Hong, E., Morter, S., & Howe, L.(2002). Myers Briggs Type indicator personality profiles in unipolar depressed patients. The World Journal of Biological Psychiatry, 3(4), 207-215.

6. Markowitz, J. C. (2014). What is supportive psychotherapy?. Focus, 12(3), 285-289.

손바닥 마음 클리닉 01
정신과 전문의가 알려주는 한 권으로 보는 우울증의 모든 것

오늘도 우울증을 🔍 검색한 나에게

초판 1쇄 발행 2022년 1월 7일
초판 3쇄 발행 2024년 10월 29일

지은이 김한준, 오진승, 이재병
펴낸이 민혜영
펴낸곳 (주)카시오페아
주소 서울특별시 마포구 월드컵로14길 56, 3~5층
전화 02-303-5580 | **팩스** 02-2179-8768
홈페이지 www.cassiopeiabook.com | **전자우편** editor@cassiopeiabook.com
출판등록 2012년 12월 27일 제2014-000277호

ⓒ김한준, 오진승, 이재병 2022
ISBN 979-11-6827-010-7 03180

- 잘못된 책은 구입하신 곳에서 바꿔드립니다.
- 책값은 뒤표지에 있습니다.